who?

글 파피루스

탄탄한 정보와 톡톡 튀는 아이디어로, 재미있고 유익한 학습 만화를 쓰는 데 최선을 다하고 있습니다. 어린이들의 상상력을 자극하고, 소중한 꿈이 무럭무럭 자라도록 돕는 것이 파피루스의 목표입니다. 주요 작품으로는 《카트라이더 지구를 지켜라》, 《수학 천하통일》, 《경제 비타민 나도 부자 시리즈》, 《Why? 별과 별자리》, 《Why? 응급처치》, 《Why? 파충류와 양서류》 등이 있습니다.

그림 툰쟁이

어린이들이 소중히 간직할 작품을 만들기 위해 열정을 쏟고 있는 학습 만화 창작팀입니다. 툰쟁이는 어린이들에게 꿈과 희망을 주는 유익한 학습 만화를 그리기 위해 노력하고 있습니다.

감수 경기초등사회과연구회
진로 탐색 감수 이랑(한국고용정보원 전임연구원)
추천 송인섭(숙명 여자 대학교 명예 교수)

세계 인물

왕가리 마타이

개정판 1쇄 인쇄 2024년 11월 15일
개정판 1쇄 발행 2025년 11월 1일

글 파피루스 **그림** 툰쟁이

펴낸이 김선식
펴낸곳 다산북스

부사장 김은영
어린이사업부총괄이사 이유남
책임편집 박세미 **디자인** 김은지 **책임마케터** 김희연
어린이콘텐츠사업1팀장 박정민 **어린이콘텐츠사업1팀** 김은지 박세미 강푸른
마케팅본부장 권장규 **마케팅3팀** 최민용 안호성 박상준 김희연
편집관리팀 조세현 김호주 백설희 **저작권팀** 이슬 윤제희 **제휴홍보팀** 류승은 문윤정 이예주
재무관리팀 하미선 김재경 임혜정 이슬기 김주영 오지수
인사총무팀 강미숙 이정환 김혜진 황종원
제작관리팀 이소현 김소영 김진경 최완규 이지우 박예찬
물류관리팀 김형기 김선민 주정훈 김선진 한유현 전태연 양문현 이민운

출판등록 2005년 12월 23일 제313-2005-00277호
주소 경기도 파주시 회동길 490
전화 02-704-1724 **팩스** 02-703-2219
다산어린이 카페 cafe.naver.com/dasankids **다산어린이 블로그** blog.naver.com/stdasan
종이 신승NC **인쇄** 북토리 **코팅 및 후가공** 평창피앤지 **제본** 대원바인더리

ISBN 979-11-306-5831-5 14990

품명: 도서 | **제조자명:** 다산북스
제조국명: 대한민국 | **전화번호:** 02)704-1724
주소: 경기도 파주시 회동길 490
제조년월: 판권 별도 표기 | **사용연령:** 8세 이상

※ KC마크는 이 제품이 공통안전기준에 적합하였음을 의미합니다.

왕가리 마타이
Wangari Maathai

다섯
어린이

자신만의 멘토를 만날 수 있는 who? 시리즈

　다산어린이의 〈who?〉 시리즈는 어린이들은 물론 어른들에게도 재미와 감동을 주는 교양 만화입니다. 〈who?〉 시리즈는 전 세계 인류에 영향력을 끼친 인물들로 구성되었으며 인물들의 삶과 사상을 객관적으로 전해 줍니다.

　이처럼 다양한 나라와 분야에서 활약한 위인들의 이야기를 통해 과학, 예술, 정치, 사상에 관한 정보는 물론이고, 나라별 문화와 역사까지 배우게 될 것입니다. 〈who?〉 시리즈의 가장 큰 장점은 위인들이 그들의 삶에서 겪은 기쁨과 슬픔, 좌절과 시련, 감동을 어린이들이 함께 느낄 수 있다는 것입니다. 어린이들은 이 책을 읽으면서 폭넓은 감수성을 함양하게 됩니다.

　〈who?〉 시리즈의 어린이 독자들이 책 속의 위인들을 통해 자신만의 멘토를 만나 미래의 세계적인 리더로 성장하기를 진심으로 응원합니다.

존 덩컨 미국 UCLA 동아시아학부 교수

존 덩컨(John B. Duncan) 교수는 한국학 분야의 세계적인 석학으로 미국 UCLA 한국학 연구소 소장 및 동 대학의 동아시아학부 교수를 겸직하고 있습니다. 하버드 대학교 교환 교수와 고려 대학교 해외 교육 프로그램 연구센터장을 역임했으며, 주요 저서로는 《조선 왕조의 기원》, 《조선 왕조의 시민 행정의 제도적 기초》 등이 있습니다.

세상을 더 나은 곳으로 만든
사람들의 이야기

어린이들은 자라면서 수많은 궁금증을 가지게 됩니다. 그중에서도 "저 사람은 누굴까?"라는 질문은 종종 아이들의 머릿속을 온통 지배해 버리기도 합니다. 다산어린이에서 출간된 〈who?〉 시리즈는 그런 궁금증을 해결해 주기 위해 지구촌 다양한 분야의 리더들을 소개하고 있습니다.

〈who?〉 시리즈에 등장하는 인물들은 인종과 성별을 넘어 세상을 더 나은 곳으로 만든 사람들입니다. 어린이들은 이 책에서 디지털 아이콘으로 불리는 스티브 잡스는 물론 니콜라 테슬라와 같은 천재 발명가를 만날 수 있습니다.

책 속 주인공들의 어린 시절 이야기를 통해 기쁨과 슬픔, 도전과 성취감을 함께 맛보고, 그들과 함께 성장하면서 스스로 창조적이고 인류에 도움이 되는 사람이 되겠다는 포부와 자신감을 갖게 될 것입니다.

〈who?〉 시리즈 속에서 다채롭고 생동감 넘치는 위인들의 이야기를 만나 보세요.

에드워드 슐츠 하와이 주립 대학교 언어학부 교수

에드워드 슐츠(Edward J. Shultz) 하와이 주립 대학교 언어학부 교수는 동 대학의 한국학센터 한국학 편집장을 역임한 세계적인 석학입니다. 평화봉사단 활동의 하나로 한국에서 영어 교사로 근무한 경험이 있으며, 현재 한국과 미국, 일본을 오가며 활발한 활동을 펼치고 있습니다. 저서로는 《중세 한국의 학자와 군사령관》, 《김부식과 삼국사기》 등이 있고, 한국 중세사와 정치에 대한 다수의 기고문을 출간했습니다.

미래 설계의 힘을 얻는 길이
여기에 있습니다

어린이가 성장하는 시기에는 스스로 미래를 설계하며 다양한 책을
접하는 경험이 필요합니다.

어린 시절 만난 한 권의 책이 인생에 미치는 영향이 얼마나 큰지는
꿈을 이룬 사람들의 말을 통해서 알 수 있습니다. 빌 게이츠는 오늘날
자신을 만든 것은 동네의 작은 도서관이었다고 말하고, 오프라 윈프리는
어린 시절 유일한 친구는 책이었음을 고백하며 독서의 중요성에 대해
이야기합니다.

꿈을 이룬 사람들의 공통점은 또 있습니다. 그들에게는 어린 시절,
마음속에 품은 롤 모델이 있었습니다. 여러분의 롤 모델은 누구인가요?
〈who?〉 시리즈에서는 현재 우리 어린이들이 가장 닮고 싶어하는 롤
모델을 만날 수 있습니다. 버락 오바마, 빌 게이츠, 조앤 롤링, 스티브
잡스 등 세상을 바꾼 사람들의 감동적인 이야기를 담은 〈who?〉 시리즈는
어린이들이 구체적인 목표를 설정하고 희망찬 비전을 세울 수 있도록
도와줄 친구이면서 안내자입니다. 〈who?〉 시리즈를 통하여 자신의 인생
모델을 찾고 미래 설계의 힘을 얻을 수 있습니다.

송인섭 숙명 여자 대학교 명예 교수

숙명 여자 대학교 명예 교수이자 한국영재교육학회 회장으로
자기주도학습 분야의 최고 권위자입니다. 한국교육심리연구회
회장, 한국교육평가학회장, 한국영재연구원 원장을 역임했습니다.
자기주도학습과 영재 교육의 이론을 실제 교육 현장에 적용하기 위해
노력하고 있습니다.

평생을 이끌어 줄
최고의 멘토를 만날 수 있는 책

10대에 가장 중요한 것은 무엇일까요? 학과 공부와 입시일까요?
우리나라 최초의 국제회의 통역사로 30년 동안 활동하면서 글로벌
리더들을 만날 기회가 수없이 많았던 저는 대한민국의 초등학생들에게
특별한 조언을 해 주고 싶습니다. 그것은 큰 꿈을 가지는 것이 무엇보다
중요하다는 것입니다.

꿈은 힘들고 지칠 때 나를 이끌어 주는 힘이고 내 인생의 주인이 되어
일어설 수 있게 하는 원동력이 되어 줍니다. 꿈이 있는 아이가 공부도
잘하고 결국 그 꿈을 실현할 수 있게 되는 것입니다. 저 역시 어린 시절
품었던 꿈이 지금의 자리에 있게 한 원동력이었습니다. 남들이 모르는 큰
꿈을 마음속에 간직하고 있었기에 괴롭고 힘들어도 포기하지 않고 다시
일어설 수 있었습니다.

어린 시절 저에게도 힘들고 지칠 때마다 용기를 불어넣어 주고
힘이 되어 주었던 분들이 있었습니다. 지금의 자리로 저를 이끌어 준
멘토들처럼 〈who?〉 시리즈에서 여러분의 친구이자 형제, 선생이 되어 줄
멘토를 만날 수 있기를 바랍니다.

최정화 한국 외국어 대학교 교수

우리나라 최초의 국제회의 통역사로 현재 한국 외국어 대학교
통번역대학원 교수로 재직 중입니다. 세계 무대에서 자신의 꿈을
이룬 여성 신화의 주인공으로, 역시 세계에서 꿈을 펼치려고 하는
청소년들에게 멘토로서의 역할을 충실히 하고 있습니다. 저서로는
《외국어 내 아이도 잘할 수 있다》, 《외국어를 알면 세계가 좁다》,
《국제회의 통역사 되는 길》 등이 있습니다.

차 례

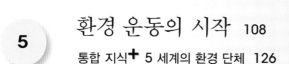

- 이름: 왕가리 마타이
- 생몰년: 1940~2011년
- 국적: 케냐
- 직업·활동 분야:
  환경 운동가, 정치가
- 주요 업적: 그린벨트 운동
  창시(1977년)
  노벨 평화상 수상(2004년)

왕가리 마타이

아프리카 케냐에서 태어난 왕가리 마타이는 당시의 다른
여자아이들과 다르게 학교에 갈 수 있었습니다.
열심히 공부한 그녀는 미국과 독일 등 해외 유학도 다녀올 수
있었어요. 그런데 유학에서 돌아와 고향을 찾은 왕가리의 눈에
어릴 적 뛰놀았던 무성한 숲과 맑은 강이 보이지 않았어요. 과연
무슨 이유였을까요? 또한 왕가리 마타이는 그런 현실에 맞서
어떻게 행동했을까요?

왕가리 마타이의 어머니

왕가리 마타이의 어머니는 당시 여자아이들은 학교에 보내지 않는 관습을 깨고 왕가리를 학교에 보내 교육시킵니다. 주위 사람들의 따가운 시선과 경제적인 어려움에도 불구하고 그녀는 교육을 통해 왕가리의 미래가 달라질 수 있을 거라 믿으며 왕가리가 공부하는 것을 응원합니다.

므왕기

왕가리 마타이와 결혼한 므왕기는 왕가리와 마찬가지로 외국에서 공부를 하고 케냐로 돌아와 정치인이 됩니다. 하지만 왕가리가 본격적으로 환경 운동을 시작하자 므왕기는 이에 불만을 가지게 되고 두 사람의 사이는 멀어지고 맙니다.

들어가는 말

- 케냐는 물론 아프리카 전역에 나무를 심는 '그린벨트 운동'을 시작한 환경 운동가 왕가리 마타이에 대해 알아봐요.
- 왕가리 마타이의 나라 케냐의 자연환경과 사회 문화에 대해 알아봐요.
- 환경 운동가는 어떤 직업이며 어떤 활동을 할까요? 또한 환경 운동을 통해 어떻게 세상을 변화시킬 수 있는지 함께 살펴봅시다.

1 자연 속에서 자라는 소녀

왕가리 마타이는 1940년 4월 1일, 아프리카 대륙 동쪽에 있는 케냐에서 태어났습니다. 케냐에는 여러 부족이 있는데 왕가리는 그중 키쿠유족의 후손이었습니다.

케냐에서 가장 높은 케냐산

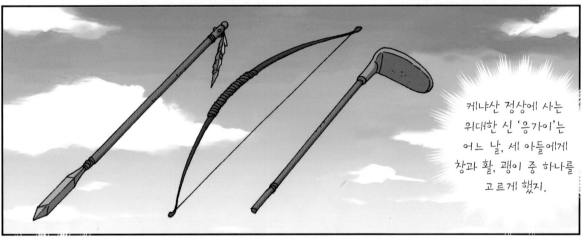

케냐산 정상에 사는
위대한 신 '응가이'는
어느 날, 세 아들에게
창과 활, 괭이 중 하나를
고르게 했지.

응가이 신은 창을
고른 아들 마사이에게
소 떼가 사는 넓은
초원을 선물하고,
그 창으로 소를
지키게 했어.

활을 잡은 캄바에게는 숲을 선물해서 그 활로 마음껏 사냥할 수 있도록 했지.

그리고 괭이를 집어 든 키쿠유에게는 기름진 땅과 무성한 무화과나무 숲을 주었어. 그러니까 키쿠유의 후손인 우리는 무화과나무를 신성하게 생각해야 한단다.

왕가리가 살던 곳은 케냐산 기슭의 '니에리'란 곳이었습니다. 이곳에서는 여자아이들이 해야 할 일이 참 많았습니다. 밭도 갈고 땔감도 구하고 염소젖도 짜야 했습니다.

그리고 멀리 떨어져 있는 샘에서 물도 길어 와야 했습니다.

자, 여기서 부러진 나뭇가지를 주우면 돼.

알았어.

가시에 찔리지 않게 조심해.

응.

쭈

윽

다 들고 갈 수 있겠어?

괜찮아. 내가 힘이 좀 세잖아.

당시 케냐는 영국의 강압적인 *식민 지배 아래에서 괴롭힘을 당하고 있었습니다. 영국 사람들은 케냐 사람들의 땅을 빼앗아 커피 농장 등을 세웠고, 땅 주인을 내쫓거나 일꾼으로 부렸습니다.

수고했네. 운전 솜씨가 좋군.

감사합니다.

어험.

그 시기, 왕가리의 아빠도 농사를 그만두고 영국인 농장 주인의 운전기사로 취직했습니다.

*식민 지배: 강대국이 약소국을 정복해 정치적, 경제적 수탈을 가하는 상태

아이들을 나처럼 평생 가난에 찌들어 살게 할 순 없어요.

보다 가치 있는 삶을 살게 할 거예요.

흠.

자네 마음을 알겠네. 그만 일어나게.

아빠…….

왕가리 마타이의 성공 열쇠

아프리카에서 여성으로 태어난다는 것은 많은 것을 포기해야 한다는 뜻이에요. 제대로 교육받기도 어렵고, 교육을 받았다고 해도 사회에 진출해 남자들과 같은 대우를 받기가 매우 어렵기 때문이지요.

왕가리 마타이도 마찬가지였어요. 왕가리의 부모님은 여자아이를 교육하지 않는 당시의 관습 때문에 딸을 학교에 보내면서 눈총을 받았습니다. 그리고 사회에 진출한 왕가리는 여자라는 이유만으로 취직을 못 하거나 월급을 적게 받는 등의 차별을 받기도 했지요.

하지만 왕가리는 좌절하지 않았어요. 그녀는 케냐의 숲을 보호하고 여성들의 권리를 향상하기 위해 끊임없이 노력했고, 결국 아프리카 여성 최초로 노벨 평화상을 받게 되었답니다. 왕가리 마타이는 어떻게 이런 위대한 업적을 이뤄 낼 수 있었을까요?

나무들의 어머니로 불리는 왕가리 마타이 ⓒ 연합포토

하나 남다른 성실함

왕가리는 여섯 남매 중 셋째로 태어났어요. 남매 중 처음 태어난 여자아이로 언제나 어머니 옆에서 집안일을 해야만 했답니다. 동생들을 돌보고, 양과 염소에게 풀을 먹이며, 빨래와 청소 그리고 땔감과 물을 구하는 것까지 왕가리의 하루는 바쁘게 흘러갔어요. 하지만 왕가리는 불평불만 없이 성실하게 일하며 어머니를 도왔고, 주변 사람은 모두 왕가리를 칭찬했답니다.

이렇게 어릴 적부터 습관처럼 몸에 밴 성실한 태도는 그녀가 성장해서도 변함이 없었어요. 왕가리는 공부할 때도 언제나 최선을 다했고, 그린벨트 운동을 펼칠 때도

전 미국 대통령 버락 오바마와 만나 이야기를 나누는 왕가리 마타이 ⓒ Fredrick Onyango

누구보다 앞장서서 일했답니다. 목표를 세우면 꾀를
부리거나 게으름을 피우지 않고 묵묵히 할 일을 해
나갔지요. 이런 그녀의 성실함은 훗날 그린벨트 운동을
성공적으로 이끌어 나갈 수 있는 중요한 바탕이
되었어요. 그린벨트 운동을 하며 여러 가지 어려움에
맞닥뜨렸지만, 케냐의 숲을 지켜 내겠다는 목표를
이룰 때까지 포기하지 않고 성실히 노력했지요.

소 떼를 모는 케냐의 어린아이 ⓒ John Atherton

둘   부모님의 교육관

지금은 케냐도 초등학교 교육을 의무화해서 남녀
모두 교육을 받을 수 있게 되었지만, 왕가리가
자라던 시기에는 그렇지 않았어요. 남자는 공부를 하고
기술을 배워서 직업을 가져야 하고, 여자는 가정을 돌보며
집안일을 해야 한다는 인식 때문이었답니다.
하지만 다행히 왕가리의 부모님은 아이들
교육에 큰 가치를 두고 있었습니다. 경제적으로
힘든 상황에서도 자녀의 학비를 벌기 위해
열심히 일했고, 학교 공부를 꾸준히 할 수 있도록
관심을 기울였지요. 만약, 왕가리의 부모님이
자식 교육에 관심이 없었다면 왕가리는 아프리카
대부분의 여성들처럼 교육의 혜택을 받지 못하고
사회에 진출할 기회도 잡지 못했을 것입니다.
하지만 왕가리의 부모님은 교육의 가치를 알고
있었고 자식 교육에 소홀하지 않았습니다. 이것이
왕가리가 마을의 다른 여자아이들과 다른 삶을 살게
된 가장 큰 이유일 거예요.

과거보다 여학생이 많아진 케냐의 교실 풍경
ⓒ Angela Sevin

이렇듯 왕가리가 전 세계에서 존경받고 인정받는
환경 운동가가 될 수 있었던 것은 모두 부모님의 남다른
교육관 덕분이었답니다.

셋 공부에 대한 열정

왕가리는 자신에게 교육받을 수 있는 기회를 준 부모님께 보답하려는 마음으로 누구보다 열심히 공부했어요. 학교에서 늘 좋은 성적을 유지했던 왕가리는 연필이나 공책을 상으로 받아 와서 공부했고, 어머니를 도와 집안일을 하면서 틈틈이 숙제를 했지요.

왕가리가 고등학교를 졸업할 즈음에 친구 대부분은 선생님이나 간호사 등의 직업을 갖기를 원했답니다.

그러나 왕가리는 공부를 더 하고 싶어 했습니다. 학문을 깊이 연구하여 훗날 케냐의 발전에 보탬이 되고 싶었기 때문이었어요. 이 바람대로 왕가리는 열심히 공부했고, 그 결과 장학금을 받고 미국에서 공부할 기회를 잡게 되었습니다. 유학을 마치고 돌아와서는 대학에서 연구 조교를 하며 공부를 했고 얼마 후, 독일 유학이라는 기회를 통해 동아프리카 최초의 여성 박사가 되었어요. 그녀의 공부에 대한 열정이 여성 차별을 이겨 내고 사회에서 우뚝 설 수 있도록 만든 거예요.

왕가리가 석사 학위를 딴 미국 캔자스주의
피츠버그 대학교 ⓒ Crazypaco

넷 생각을 행동으로 옮기는 실천력

우리는 살면서 생각했던 것을 행동으로 옮기지 못하는 경우가 무척 많아요. 하지만 왕가리는 달랐어요. 대학에 진학하겠다고 마음먹은 뒤에는 밤새워 공부하며 목표했던 대학 진학에 성공했고, 자신이 여성이라는 이유만으로 부당한 대우를 받고 있다고 생각했을 때에는 여성에 대한 대우가 나아질 때까지 차별에 맞서 싸웠지요. 왕가리의 이런 성향은 케냐의 환경을 살려야겠다고 생각했을 때도 발휘되어 그린벨트 운동을 시작하는 계기가 되었어요. 이 모든 것은 생각을 행동으로 옮기는 왕가리 특유의 실천력 덕분이랍니다.

왕가리 마타이가 학생들을 가르치던 나이로비
대학교의 캠퍼스 ⓒ 나이로비 대학 홈페이지

왕가리는 그린벨트 운동을 추진하며 많은
어려움을 겪었답니다. 숲의 중요성을 이해하지
못하는 사람들의 비난을 받아야 했고, 부패한
정치가들에 의해 몇 번이나 감옥에 갇히기도
했어요. 하지만 왕가리는 굴복하지 않고,
끝까지 저항했어요. 화가 난 정치인들은 그녀가
소속되어 일하고 있는 여성 위원회 사무실을 건물에서 내쫓고
정부의 지원금도 막아 버렸어요. 그 때문에 그린벨트
운동이 큰 어려움에 부닥쳤지만, 그녀는 굴하지 않고
투쟁을 계속했답니다. 그리고 끝내 숲을 지켜 냈어요.
이렇듯 왕가리는 잘못된 것을 바로잡으려고 노력했고,
어떤 어려움 속에서도 포기하지 않는 용기를 보여 줬어요.
죽음을 무릅쓰고 거대한 부패 정권과 맞서 싸운 그녀의
용기는 케냐의 국민뿐만 아니라 세계인에게 큰 감명을
주었답니다.

케냐의 수도 나이로비에 있는 국립 공원의 모습. 케냐의 환경을
지키고자 한 왕가리의 노력이 이루어 낸 풍경이에요. ⓒ Mkimemia

카루라 숲을 지키기 위한 시위 현장에서 경비들에게
구타당한 왕가리의 모습 ⓒ 연합포토

who? 지식사전

왕가리 마타이가 세운 '최초'의 기록

1. 동아프리카 첫 여성 박사
왕가리는 1964년 미국 캔자스주 마운트세인트 스콜라스티카 대학교에서 생물학을 전공하여,
1966년 피츠버그 대학교에서 석사 학위를 받았어요. 그리고 1971년에는 나이로비
대학교에서 수의해부학으로 박사 학위를 받았지요. 동아프리카에서 여성이 박사 학위를 받은
것은 왕가리 마타이가 처음이었답니다.

2. 아프리카 여성 최초의 노벨상 수상
왕가리는 2004년, 그린벨트 운동을 통해 생태적으로 가능한 아프리카의 사회 · 경제 · 문화적
발전을 촉진한 공로로 노벨 평화상을 받았어요. 아프리카 여성으로서는 최초의 노벨상
수상이며, 정치와 관련된 인물이 아닌 다른 분야의 인물이 노벨 평화상을 받은 것도 왕가리가
처음이었지요.

영국의 전 총리 고든
브라운과 대화하는 왕가리
마타이 ⓒ Demosh

2 배움을 향한 첫걸음

왕가리, 오늘부터는 오빠들과 함께 학교에 가렴.

네? 학교요?

아빠와 엄마는 널 학교에 보내기로 결정했단다.

나도 네가 학교에 갔으면 좋겠어.

나도.

하지만 난 여자인데.

여자라고 교육을
받지 못할 이유는
없잖아요.

그래도…….

모두
제가 해야죠.

왕가리가 학교에
가면 아이들은 누가 돌봐?
물을 길어 오는 것도
땔감을 줍는 것도 다
누가 할 건데?

자네 혼자
다 한다고?

네.

힘들더라도
아이들을 위해서
어쩔 수 없어요.

여섯 명을 모두
학교에 보내겠다고?
먹고살기도 어려운데
학비를 어떻게
대려고 그래.

남편이
영국인 밑에서
일하는 건,
다 아이들
학비를 벌기
위해서예요.

여자는 집안일을
돕다가 시집가면
그만이야.

글을 읽고
쓸 줄 알게 되면
더 많은 것을 보고
배우게
될 거예요.

아이들의 미래가
달라질 거라고요.

여기 보이는 숫자를 공책에 써 보도록 해요.

자, 연필은 이렇게 쥐면 된단다.

네!

내가 학교에 와서 공부하게 되다니 꿈만 같아.

왕가리는 학교생활을 통해 배움의 즐거움을 깨닫게 되었습니다.

언니, 안 자?

숙제 다 하고 자려고.

드르렁 드르렁

많이 피곤하셨나 보네.

엄마, 고마워요. 열심히 공부할게요.

열한 살이 된 왕가리는 가톨릭 선교회가
운영하는 세인트세실리아 중학교에
입학했습니다.

왕가리, 이제 네가
기숙사에서 지내면
자주 볼 수 없겠구나.

집안일은
어떡하죠?

그런 걱정일랑 하지 말고
열심히 공부하렴.

이젠 내가
엄마를 도울게.

잘 부탁한다,
내 동생.

경 고
저는 모국어로
이야기했습니다.

왜 경고 배지를
받은 거야?

우리말을
하다가 수녀님께
걸렸어.

조심해야겠어.

정신 바짝
차려야지.

영어 실력은 금방
늘겠지만, 왠지
기분이 안 좋아.

맞아. 우리 나라 말이
무시당하는 느낌이야.

우리가 영국의
지배를 받으니
어쩔 수 없지.

나라가 힘이
없다는 건 참 슬픈 일이야.
하루빨리 영국의 지배에서
벗어났으면 좋겠어.

왕가리가 중학교에 들어간 뒤, 케냐에서는
영국의 식민 지배에서 벗어나기 위해
'마우마우 저항 운동'이 벌어졌습니다.

수년간에 걸친 마우마우 저항 운동은 대규모 병력의
영국 군대에 의해 제압됐습니다.

왕가리는 기숙사에서 생활했기에
저항 운동에 휩쓸리지 않았습니다. 그러나
그녀의 어머니는 영국 군대에 의해 수년간
강제 이주를 당해야만 했습니다.

얼마 뒤, 왕가리는 중학교를 뛰어난 성적으로 졸업하고 가톨릭 계열 학교인 로레토 여자 고등학교에 진학했습니다.

왕가리, 뭘 그렇게 열심히 하고 있는 거니?

수녀님!

아니!

개구리 해부를 하고 있었어요.

그, 그랬구나.

개구리는 참 재밌는 동물이에요. 어릴 때부터 쭉 봐 왔지만, 항상 흥미로워요.

어렸을 때 시골에서 살았다고 했지?

네, 매일 자연 속에서 뛰어놀았어요. 물 길어 오고, 땔감도 구하고, 해야 할 일도 많았지만요.

그래서인지 전 자연이 친숙하고 좋아요. 이렇게 자연을 과학으로 배우는 것도 정말 즐거워요.

즐겁게 공부한다니, 내가 다 뿌듯하구나.

왕가리는 특히 과학 분야에 관심이 많았습니다. 테레사 수녀는 그런 왕가리에게 특별히 실험실 사용을 허락해 주었고, 왕가리의 공부에도 많은 도움을 주었습니다.

몇 년 뒤

이제 얼마 뒤면 졸업이네.

졸업하면 무슨 일을 할 거야?

글쎄, 여자가 할 수 있는 일은 많지 않잖아.

난 학생을 가르치는 교사가 되고 싶어.

꽤 멋진걸.

나는 간호사가 되어서 아픈 사람들을 돕고 싶어.

너와 잘 어울린다.

왕가리 마타이의 나라, 케냐

하나　아름다운 케냐의 자연

여러분은 '케냐' 하면 어떤 장면을 떠올리나요?
혹시, 아프리카에 있다는 이유만으로 메마른 사막을
떠올리지는 않나요? 케냐에 사막이 없는 것은 아니지만,
케냐는 우리가 생각하는 일반적인 아프리카의 모습과는
조금 다른 자연환경을 가졌답니다. 울창한 숲과 넓고
깊은 호수, 높은 산과 초록빛 초원이 펼쳐진 아름다운
평야를 가지고 있거든요. 물론, 환경 파괴와 기후 변화
때문에 사막이 점점 넓어지고 있긴 하지만 말이에요.
이런 자연환경을 가진 곳이었기 때문에, 왕가리
마타이는 파괴된 케냐의 숲을 보고 나무를 심어 숲을
살려야겠다고 결심했던 것입니다. 그만큼 케냐에는
숲이 많았기 때문이지요.

녹음이 우거진 케냐의 자연 ⓒ wwarby

둘　케냐의 자연환경

케냐는 아프리카 동부 해안에 있는 나라로 국토 면적이
한반도의 약 3배 정도입니다. 태양이 지나는 길인 적도
가까이 위치해 있기 때문에 매우 무더울 것 같지만 나라가
큰 만큼 다양한 지형을 가지고 있어서 나라 전체가 모두
덥지는 않습니다.
케냐의 국토는 크게 다섯 지역으로 나눌 수 있어요. 첫
번째는 서부 지역으로 아프리카에서 가장 큰 호수인
빅토리아 호수가 있는 곳인데, 대부분 숲이 울창하고 비가
많이 내리는 열대 우림 지역입니다. 두 번째는 왕가리가
자란 곳인 중앙 고원 지역으로 이곳은 케냐에서 가장 높은

케냐의 넓은 초원에서 뛰노는 야생 동물 ⓒ Mara 1

지역에 속합니다. 연 최고 기온이 26도 정도밖에 되지
않아서 무더운 아프리카의 다른 지역에 비해 사람이
살기에 아주 좋은 날씨를 가지고 있지요. 세 번째
북부 지역은 케냐에서 가장 건조한 지역으로, 사하라
사막과 이어지는 광대한 사막이 펼쳐져 있답니다. 네
번째는 아프리카 동쪽 바다와 접해 있는 동부 해안
지역으로, 바다의 영향을 받아 일 년 내내 덥고 습한
곳이지요. 마지막으로 다섯 번째 지역은 동부 해안
지역과 중앙 고원 지역 사이에 좁게 펼쳐져 있는
평야 지역이에요. 니이카 평원이 대부분의 면적을
차지하지요.

한 나라 안에서 아주 다른 기후를 가진 다섯
개의 지역이 있다니 정말 놀랍지요? 이렇게
여러 가지 기후를 가지고 있기에 케냐는 자연의
다양한 아름다움과 수많은 동물을 자세히 관찰할
수 있는 곳이기도 합니다. 왕가리가 케냐의 환경을
보호하기 위해 나무를 심고 숲을 가꾼 것이 이해가
되지 않나요?

케냐의 사막 지대에는 메마른 기후에 적응한 낮은 관목이
자랍니다. ⓒ SodexoUSA

케냐 동부의 해안 지역. 아름다운 바다가 펼쳐져 있어요.
ⓒ sema_bolo

who? 지식사전

마사이마라 국립 공원

케냐에는 여러 개의 국립 공원이 있어요. 그중 가장 유명한 것은 마사이마라 국립
공원이라고 할 수 있지요. '마사이마라'라는 이름에서 알 수 있듯이 마사이 부족이
사는 곳인데요. 우리나라 제주도와 비슷한 면적으로, 케냐에서 가장 많은 관광객이
찾는 장소 중 하나입니다. 사람들이 이곳을 찾는 이유는 이곳에 케냐에서 가장 많은
야생 동물이 살고 있기 때문인데, 무엇보다 아프리카 대륙에서 가장 대표적인 야생
동물 다섯 종류를 이 국립 공원에서 모두 만날 수 있어요. 그 다섯 가지 동물은 바로
사자, 표범, 코끼리, 코뿔소, 버펄로입니다.

마사이마라 국립 공원의 동물들
ⓒ wordcat57

왕가리 마타이의 고향, 니에리

니에리의 자연환경

왕가리 마타이는 1940년, 케냐의 조그마한 시골
마을에서 태어났어요. 왕가리가 자란 곳은 케냐
중앙 고원에 속하는 니에리 지역으로 멀리 해발
5,199미터에 이르는 케냐산이 보이는 곳이랍니다.
케냐에서 가장 높은 지역 중 하나이지요.

이곳은 계절이 매우 뚜렷하게 나타나는 곳으로
3월이면 장마가 시작되고, 7월이면 날이 매우
추워져 아침에는 풀에 서리가 내리기까지 하는
곳입니다. 그래서 왕가리가 속한 키쿠유족은
7월을 '음워리아 니오니'라고 불렀어요. 이 말은
'새들이 쇠약해지는 계절'이라는 뜻으로 추운
날씨에 새들이 얼어 죽는 현상 때문에 생겨난
말이랍니다.

케냐 중앙 고원 지역에 우뚝 솟은 케냐산 ⓒ Chris 73

니에리의 날씨

니에리를 포함한 중앙 고원 지역의 날씨는
아프리카의 다른 지역과 비교하면 너무 춥지도,
너무 덥지도 않은 날씨예요. 이런 서늘한
기후는 모기와 같이 사람들에게 치명적인 질병을
옮기는 해충이 살 수 없게 하는 원인이기도 해요.
그래서 왕가리가 살았던 이 지역은 아프리카의
어떤 곳보다 사람이 살기 좋은 날씨와 질병 없는
청정함을 가진 곳이었답니다.

거기다 이곳은 울창한 숲과 신선한 물이 흐르는
드넓은 평야가 펼쳐진 곳으로, 땅이 매우 비옥해서
옥수수와 콩, 밀, 채소들이 무성하게 자라납니다.

그래서 이곳은 오래전부터 아프리카의 다른 지역에
비해 식량이 풍족할 수 있었어요.

아프리카의 무덥고 메마른 지역 ⓒ Oxfam East Africa

니에리의 역사

왕가리의 고향은 사람이 살기 좋은 땅이었기 때문에 큰 고난을 겪기도 했습니다. 왕가리가 태어나기 몇십 년 전 영국 사람들이 케냐를 침략해 식민지로 삼은 뒤, 케냐 사람들에게서 가장 먼저 이 땅을 빼앗았기 때문입니다.

그래서 왕가리가 태어난 1940년대에는 왕가리의 고향 땅 대부분이 영국 사람의 차지가 되었고, 이곳에 살던 케냐 사람들은 오랫동안 머물던 고향을 떠나거나 영국 사람에게 고용되어 아주 적은 돈을 받으며 일하게 되었답니다. 그 뒤, 케냐 사람들은 영국의 지배에서 벗어나기 위해 독립 운동을 펼치며 저항했어요. 그 결과, 1963년에 이르러 케냐는 영국의 식민 지배에서 벗어날 수 있었고 이 땅은 다시 케냐 사람들의 품에 돌아왔지요.

케냐 중앙 고원 지역은 농사가 잘되는 비옥한 토지입니다.
ⓒ luigig

영국이 케냐를 지배하던 시기의 국기로, 영국 국기 안에 케냐의 상징인 사자가 들어가 있어요.

who? 지식사전

케냐의 커피

케냐의 커피

케냐는 아프리카를 대표하는 커피 생산국이에요. 19세기 후반, 에티오피아를 통해 처음 커피를 들여온 케냐는 국토 대부분이 1,500미터 이상의 고원 지대라서 커피를 재배하는 데 적절한 토양과 강수량, 기온 등 커피 재배에 이상적인 자연조건을 갖추고 있었어요. 커피 재배를 시작할 당시에는 케냐를 지배하던 백인들의 주도로 커피 농사가 이루어졌는데, 1937년부터 케냐 정부가 커피 농사에 직접 뛰어들어 케냐 사람들 스스로 커피 농사를 짓게 되었답니다. 이후, 케냐는 커피의 합리적인 재배 · 가공 · 판매 시스템과 국가 차원의 품질 개발과 기술 교육을 통해 커피의 질을 높이는 데 많은 노력을 기울였지요.

현재 케냐는 아프리카를 대표하는 커피 생산국으로 인정받고 있으며 해마다 약 6만 톤에 가까운 엄청난 양의 커피를 생산하고 있답니다.

3 더 넓은 세상으로

밤낮으로 열심히 공부한
왕가리는 결국 마케레레
대학교의 입학시험에
합격했습니다.

그런데 왕가리에게 생각지도
못한 더 좋은 기회가
찾아왔습니다.

왕가리, 마운트세인트
스콜라스티카 대학교는
어떻게 생각하니?

그런 대학교도
있어요?

마케레레 대학교가
동아프리카의 유일한
대학교 아닌가요?

내가
이야기한 학교는
미국에 있는
대학교란다.

미국이요?

당시 케냐는 영국으로부터 독립을 눈앞에 두고 있었습니다.

케냐의 정치인들은 케냐의 젊은이들이 좀 더 수준 높은 교육을 받을 수 있도록 미국과 손을 잡고, 국가가 지원하여 학생들을 미국으로 유학 보내는 정책을 펼치고 있었습니다.

아빠, 엄마. 제가 미국의 대학교에 가게 되었어요.

축하한다, 왕가리.

장하다, 내 딸!

열심히 공부해서 많은 것을 배워 오렴.

네.

와 하 하 하

미국 뉴욕.

우아~
건물이 하늘을
찌르는 것 같아.

자동차도
엄청나게 많네.

이곳 사람들은
전부 부자인가 봐.

미국이 잘사는
나라인 건 알았지만,
이 정도일 줄이야.

여기 전화기도 있어!

미국에는 집집마다 텔레비전과 전화기가 있다더니, 사실이었나 봐.

멋져! 미국에 오길 잘했어.

케냐도 언젠가 미국처럼 잘사는 나라가 될 수 있을까?

글쎄…….

언젠가는 케냐 사람들도 이런 혜택을 누렸으면 좋겠어. 그렇게 될 수 있도록 나도 노력해야지.

아흠~

버스를 오래 탔더니 몸이 쑤셔.

버스로 이틀 걸린다고 했으니 학교까지는 아직도 한참 남았어.

우리 카페에 가서 음료수 사 먹을래?

좋아.

뭐라고요?

흑인들은 바깥에 나가서 음료를 마셔야 해.

왜죠?

너희는 흑인이니까.

그러니까 흑인은 왜 바깥에서 마셔야 하냐고요!

먹기 싫으면 나가!

마운트세인트 스콜라스티카 대학교는 1867년, 수녀들이
세운 학교로 미국 캔자스주 북동부 지역에 있었습니다.
다행히 이 대학교의 사람들은 케냐에서 온 학생들을
인종 차별 없이 따뜻하게 맞아 주었습니다.

우리 학교에 온 것을
환영해요.

왕가리 학생,
학교생활에 불편한
점은 없나요?

네,
다 좋아요.

이렇게
좋은 환경에서
공부할 수 있다니
정말 행복해요.

학생은 생물학을 전공으로 선택했죠?

네.

어릴 적에 숲에서 놀곤 했는데, 그때부터 생물에 관심을 두게 되었어요.

왕가리가 좋아하는 생물에 관해 깊이 연구할 수 있겠군요.

저는 생물학을 열심히 공부해서 케냐를 위해 일하고 싶어요.

왕가리는 케냐를 무척 사랑하는군요.

케냐는 저의 조국이니까요.

마운트세인트 스콜라스티카 대학교를 졸업한 왕가리는 펜실베이니아주의 피츠버그 대학교에서 공부를 계속했습니다. 왕가리는 피츠버그 대학교에 최초로 입학한 두 명의 아프리카 여성 중 하나였습니다.

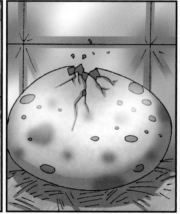

번식에
성공했어.

교수님, 저는 케냐에 돌아가기로 했어요.

갑자기 왜죠?

케냐 수도에 있는 나이로비 대학으로부터 동물학 교수의 연구 조교직을 맡아 달라는 편지를 받았어요.

왕가리, 당신이라면 미국에서 더 좋은 직장을 구할 수 있어요.

케냐보다 미국이 살기 좋을 텐데요.

그렇긴 하지만 저만 행복한 것은 원치 않아요.

케냐 사람 모두가 행복해야죠.

아!

아프리카의 슬픔

여러분은 '아프리카'라고 하면 떠오르는 장면이 무엇인가요? 가난하고 비쩍 마른 어린아이들, 오염된 물과 질병으로 고통받는 사람들 등 부정적인 장면이 많이 떠오를 거예요. 물론, 아프리카는 이런 모습 외에도 아름다운 자연과 광활한 사막, 다양한 야생 동물 등 긍정적인 면을 많이 가지고 있습니다. 하지만 앞서 이야기한 부정적인 모습들도 부인할 수 없는 사실이지요. 실제로 아프리카 최초의 여성 노벨상 수상자인 왕가리 마타이도 가난과 여성에 대한 차별, 부패한 정부 때문에 어려움을 겪기도 했지요. 지금 아프리카는 어떤 상황에 놓여 있는 걸까요?

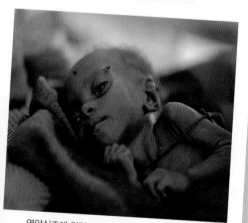

케냐의 수도 나이로비에서 가장 가난한 키베라 지역
ⓒ khym54

영양실조에 걸린 아프리카 아이 ⓒ 연합포토

하나 부패한 정부

'부패'라는 것은 개인이나 집단이 도덕적으로, 정신적으로 타락한 것을 말해요. 이것은 주변에 몹시 나쁜 영향을 끼칩니다. 한 사람이 부패하면 그 사람 주변에만 손해를 끼치고 말겠지만, 한 나라를 다스리는 정부가 부패하면 그 나라에 사는 국민 모두가 힘들고 불행해지거든요.
아프리카의 나라들은 대부분 유럽 국가들의 식민지 지배를 받았는데 이 기간 동안 많은 자원을 수탈당했어요. 이후 제2차 세계 대전이 끝나고 대부분 독립했지만, 정치적으로 안정되지 못해 내란과 쿠데타, 독재와 같은 어지러운 상황이 계속되었습니다. 이런 속에서 나라가 제 기능을 하지 못하자, 정부와 공무원의 부패가 만연하게 된 것이지요.

둘 > 가난과 배고픔

아프리카 사람들이 가난하다는 것은 대부분의 사람이
알고 있는 사실이에요. 하지만 아프리카가 겪는
가난과 그 가난 때문에 생기는 문제들이 얼마나
심각한지는 잘 모르는 경우가 많지요.
특히 기후 변화와 가뭄으로 인한 기아
문제는 점차 심각해지고 있습니다. 2022년
세계보건기구(WHO)와 유니세프(유엔아동기구)가
발표한 보고서에 따르면 40년 만에 최악의 가뭄이
아프리카 지역을 덮쳤고, 한 해 동안 4만 3,000명에
달하는 사람이 숨졌다고 해요. 게다가 그중 절반이
어린이로 추정된다고 합니다.
오랜 내전과 가뭄, 급격히 진행되고 있는 사막화
등 아프리카 국가들은 다양하고 복합적인 원인들로
인해 어려움을 겪고 있어요.
지금 이 순간에도 많은 사람들이 가난과 배고픔으로
고통받고 있습니다.

32년간 콩고 민주 공화국을 지배한 모부투 대통령(왼쪽)
ⓒ Frank Hall

아프리카 내전 지역의 피난민들

who? 지식사전

세이브더칠드런의 아프리카 염소 보내기 운동

세이브더칠드런(Save the Children)은 전 세계의 빈곤 아동을 돕는 국제기구예요.
2010년부터 이 단체에서는 아프리카의 빈곤 가정을 돕기 위해 염소를 보내 주는 운동을
하고 있답니다. 우리 돈 4만 원이면 염소 한 마리를 후원할 수 있는데, 한 가정당 암염소
두 마리를 후원해 주면, 매일 아침 아이들이 신선한 염소젖을 먹을 수 있다고 해요. 그리고
염소가 낳은 새끼를 팔아 가정에 보탬이 될 수도 있고요.
우리가 힘을 모아 아프리카에 염소를 보내 주면, 아프리카 사람들이 가난과 배고픔에서
조금이라도 벗어날 수 있답니다.

염소는 아프리카 사람들에게 아주
중요한 가축이에요. ⓒ aj82

아프리카에서는 다양한 종족이 부족 고유의 문화를 계승하며 살아가고 있어요. 하지만 그들의 다양한 문화 아래에는 자연 속에 정령이 있다고 믿는 아프리카 특유의 토착 신앙이 영향을 주고 있지요. 그런데 이 토착 신앙이 아프리카의 발전에 큰 손해를 끼치고 있다는 것을 알고 있나요?

말라리아는 아프리카 사람들의 생명을 위협하는 대표적인 질병 중 하나입니다. 말라리아의 발병 원인은 몸이 약한 사람이 말라리아 균을 보유한 모기에게 물려 병균이 몸에 들어가 활동하기 때문이에요. 하지만 토착 신앙을 믿는 아프리카 사람들은 이런 과정을 이해하지 못합니다. 그저 화가 난 조상의 영혼이나 악한 정령이 병을 준 것으로 생각하지요. 그래서 말라리아를 옮기는 모기의 활동을 막기 위해 모기장을 나누어 주어도 그 모기장을 제대로 사용하지 않고 이불이나 옷을 만드는 데 사용해 버립니다. 병의 원인을 이해하지 못하니, 제대로 된 예방법이나 치료법을 받아들이지 못하는 것이지요. 이와 비슷한 상황이 아프리카 곳곳에서 다양한 모습으로 나타납니다. 마을에 도로나 건물을 짓는 공사가 진행되는 것을 막고, 여성들에게 불합리한 전통을 강요해 그들의 삶을 불행하게 만들고 있지요. 토착 신앙에 대한 맹목적인 믿음이 더 나은 삶을 살 기회를 방해하고 있는 것이랍니다.

자신의 문화를 지키고 고유의 종교를 보존하는 것은 나쁜 일이 아닙니다. 오히려 소중히 여겨야 하는 일이지요. 하지만 그것이 나라의 발전을 가로막고, 사람들의 삶을 옳지 않은 방향으로 이끌고 있다면, 변화가 필요한 것이 아닐까요?

토착 신앙을 믿는 아프리카 사람 ⓒ mexikids

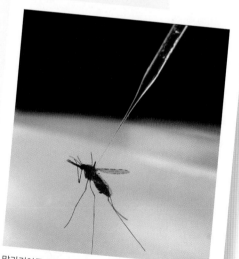

말라리아를 옮기는 해충, 모기 ⓒ NIAID_Flickr

넷   여성 차별

아프리카에는 수십 개에 달하는 다양한 부족들이
살고 있어요. 그들은 각각 다른 문화와 생활
방식을 가지고 있지만, 부족 대부분이 가지고
있는 몹시 불합리한 공통점이 있답니다. 바로
여성에 대한 극심한 차별이지요.

아프리카에서 남자는 여러 명의 여자와 결혼할
수 있어요. 그리고 자신보다 훨씬 어린 여자를
아내로 맞이할 수도 있지요. 하지만 여자는 얼굴도
모르는 남자에게 팔려 가듯이 시집을 가는 경우가
대부분입니다. 교육에서도 남녀의 차별은 심각해요.
아이들을 학교에 보낼 만큼 여유가 있는 집이라 해도
여자아이를 학교에 보내는 경우는 거의 없어요. 그저
집안일이나 농사일을 거들게 할 뿐이지요.

이 모든 것은 아프리카에서 여성이 남자와 동등한
존재로 대우받지 못하고 있다는 것, 아프리카 인구의
절반이 자신의 능력을 제대로 펼칠 기회를 얻지
못하고 있다는 것을 보여 줍니다.

케냐에서는 농사일의 많은 부분을 여자들이 담당하고 있어요.
ⓒ CIAT International Center for Tropical Agriculture

물을 길어 오는 일은 아프리카 여자아이들의 중요한
일이에요. ⓒ khym54

who? 지식사전

라이베리아의 여성 대통령, 앨런 존슨설리프

2011년 노벨 평화상 수상자는 라이베리아의 앨런 존슨설리프 대통령이었어요. 그녀는
아프리카 최초의 여성 대통령으로 2006년에 라이베리아의 대통령으로 취임한 뒤, 나라를
발전시키고 여성 차별을 해결하기 위해 끊임없이 노력했지요.

그녀는 대통령 임기 동안, 라이베리아의 평화와 정부의 부패 척결, 경제 민주화와 초등 교육
보급, 언론 자유 보장, 여성 인권 향상에 큰 업적을 이루었어요. 그 결과 2011년 노벨 평화상을
받았고, 다시 한번 대통령에 당선되는 데 성공했답니다.

앨런 존슨설리프 대통령

차별에 맞서다

케냐를 위해 일할 생각에, 정말 기뻤는데.

설마 이대로 꿈을 포기할 건 아니지?

절대 그러지 않을 거야.

여자도 남자보다 잘할 수 있다는 것을 보여 주겠어.

그래. 너라면 곧 다른 직장을 구할 수 있을 거야.

직장을 구하기 위해 면접을 보러 다닌 왕가리는 독일에서 온 호프만 교수를 만나게 되었습니다.

안녕하세요, 교수님. 왕가리라고 합니다.

아주 우수한 인재인데, 왜 일자리를 구하지 못했어요?

마음껏 연구하며 케냐를 위해 일하고 싶은데, 좀처럼 기회가 오지 않았어요.

왜죠?

제가 여자라는 이유만으로 저를 뽑아 주지 않았어요.

하지만 그동안 공부한 지식으로 케냐에 보탬이 되고 싶다는 바람은 꺾이지 않았어요.

호프만 교수는 왕가리의 열정을 알아보고, 그녀를 나이로비 대학의 수의해부학과 조교로 채용했습니다.

그 열정을 믿고, 한번 함께해 봅시다.

감사합니다!

당시 왕가리는 친구의 소개로 므왕기라는
청년을 만나고 있었습니다.
왕가리는 독일 유학을 잠시 미룬 채 1967년,
므왕기와 결혼을 결심합니다.

므왕기와 결혼식을 올린 뒤, 왕가리는
독일의 기센 대학으로 유학을 갔습니다.

케냐에는 소를
기르는 집이 많아. 소를
연구하면 케냐에 큰 도움이
될 거야.

그사이 남편 므왕기는
케냐에서 정치인으로 활동을
시작했습니다.

당신이
자랑스럽소.

유학에서 돌아온 왕가리는
첫아이를 낳았고, 이후로도
연구를 계속해 동아프리카
최초의 여성 박사가
되었습니다.

케냐의 축산 농가가
성장하기 위해서는 소를
건강하게 키워야
합니다.

철컥

그런데
최근 동해안 지역에서
진드기로 인한 전염병이
유행하고 있어요.

그래서 오늘은
현미경을 통해 진드기를
관찰할 겁니다.

내 강의가
어렵지는
않았니?

이해하기 쉽도록
가르쳐 주시는걸요.

교수님 강의는
정말 재밌어요.

준비를 많이 했는데,
칭찬을 들으니
기분이 좋은걸.

여학생들에게
특별히 신경 써 주셔서
감사해요.

선생님 수업이
최고예요!

많이 도와주지도
못하는걸, 뭐.

오늘 저녁에 술 한잔 어때?

그거 좋지.

왕가리 교수도 함께하는 게 어때요?

내가 한턱낼게요.

짠돌이 교수님께서 웬일이에요?

이번에 월급이 올랐잖아요.

왕가리 교수님은 우리보다 더 많이 올랐을 텐데요.

맞아요. 연구 실적도 좋으시잖아.

월급이 오르다니요? 난 그런 이야기를 들은 적이 없어요.

왜 여자는 능력보다 낮은 대우를 받아야 하는지 말씀해 주시겠어요?

저희는 규정대로 지급한 것뿐이에요.

그건 영국 식민지 시대에 만들어진 잘못된 규정이잖아요.

지금 케냐는 독립을 했어요. 식민지 시절의 잘못된 규정은 바로잡아야죠.

이곳은 케냐의 미래를 짊어질 학생들이 공부하는 곳이에요.

그렇죠.

그런데 케냐 최고의 교육 기관이라는 곳에서 성차별이 이뤄지다니요!

정말 오랜만에
고향에 내려가네.

워낙 바쁘게
사니까 그렇지.

부
웅

거의 다 왔어.
옛날에 이 길을 따라
학교에 다녔던
생각나?

물론이지.
매일 먼 거리를
걸어 다녔잖아.

그런데……
뭔가 이상해.

오빠, 잠깐
차 좀 세워 봐.

아프리카를 사랑하는 사람들

왕가리 마타이는 파괴되어 가는 숲을 되살리고 차별받으며
살아가는 여성들의 삶을 더 나은 방향으로 이끌어 가기 위해
'그린벨트 운동'을 시작했어요. 그리고 그녀는 아프리카
여성 최초로 노벨 평화상을 받았지요.
케냐에서 시작된 그린벨트 운동은 아프리카 전체로
퍼져 나갔고, 환경 파괴와 여성 차별이 심화되고 있는
아프리카에 작지만 의미 있는 변화를 불러왔답니다.
그렇다면 왕가리처럼 자신의 고향, 아프리카를 더 나은
곳으로 만들기 위해 노력하고 있는 사람들에 대해 더
알아볼까요?

묘목을 키우는 케냐 사람 ⓒ treesftf

하나   사막의 꽃, 와리스 디리

와리스 디리는 1965년 소말리아 사막을 떠도는 유목민의
아이로 태어났어요. 사막의 거친 모래바람 속에서
염소와 낙타를 키우며 힘들게 자랐지요. 열네 살이 되던
해, 와리스의 아버지는 나이가 마흔 살이 넘게 차이
나는 사람과 와리스를 결혼시키려고 했답니다. 와리스는
엄마의 도움으로 집에서 도망쳤고, 영국 대사관에서
일하는 친척의 가정부로 취직해 아프리카를 떠났습니다.
와리스가 영국에서 어렵게 생계를 꾸려 나가던 어느
날이었어요. 그녀에게 기회가 찾아왔습니다. 길을
가던 중 한 사진작가의 눈에 띄어 모델로 데뷔하게 된
거예요. 이후, 와리스는 미국으로 건너가 크게 성공했고,
세계적으로 인정받는 슈퍼 모델이 되었답니다.
이렇게 큰 성공을 거두었지만, 와리스는 자신의 어린 시절을
잊지 않았어요. 와리스는 성공한 뒤에 자신처럼 힘겹게

소말리아 유목민들의 모습 ⓒ Hoorob

살아가고 있을 아프리카의 어린 소녀들을 돕기 위해 UN
인권 대사로 활동하기 시작했답니다. 그리고 자신의
이야기를 책과 영화 등을 통해 널리 알려, 많은 사람이
아프리카의 어려운 현실에 관심을 기울이도록 했지요.
와리스 덕분에 어려움을 겪는 아프리카 여성들이
많은 도움을 받게 된 것입니다. 와리스 디리는 얼굴도
마음도 아름다운 진정한 '사막의 꽃'이랍니다.

UN 인권 대사로 활동하는 와리스 디리(오른쪽)
ⓒ 연합포토

둘　아프리카의 정신, 월레 소잉카

월레 소잉카는 1934년 나이지리아에서 태어났어요. 월레는
영국의 대학교에서 공부를 하고, 그곳에서 극장의 배우 겸
감독으로 일하며 희곡을 쓰는 작가가 되었어요.
1960년, 영국으로부터 독립한 나이지리아로 돌아간 월레는
그때부터 나이지리아 전통 종교와 신화, 전설 등을 연극에
반영해 아프리카 출신 작가만이 만들 수 있는 독특한
작품들을 창작하기 시작했어요. 그렇게 작품 활동에
매진한 지 40여 년이 지난 1986년, 그는 문학성을
인정받아 아프리카 최초로 노벨 문학상을 받았습니다.
월레는 작품 활동을 하는 틈틈이 조국을 위한 활동도
펼쳤는데, 내전에 휩싸여 있던 조국의 전쟁을 멈추고자
신문에 전쟁을 비판하는 기사를 실었다가 22개월 동안
감옥에 갇히기도 했고, 정치적 압박으로 인해 조국을
떠나 먼 유럽 땅으로 몸을 피하기도 했지요. 하지만
그는 여러 위협에도 정부의 잘못된 정책을 비판하는
것을 멈추지 않았습니다.

대학교수가 된 월레 소잉카(왼쪽)
ⓒ Chidi Anthony Opara

결국, 그의 노력은 결실을 보았어요. 나이지리아의 전쟁은
멈췄고, 그는 조국으로 돌아갈 수 있게 되었습니다. 현재 월레
소잉카는 작품 활동을 통해 아프리카의 문화와 정신을 세계에
널리 알리고 있답니다.

셋   인종 화합의 상징, 넬슨 만델라

넬슨 만델라는 1918년, 당시 남아프리카 연방이라고 불리던 나라에서 태어났어요. 이 나라는 옛날부터 유럽의 백인들이 많이 이주해 살았던 곳으로 당시 백인들은 흑인을 노예로 삼았어요. 그래서 시간이 지난 뒤에도 백인들은 흑인들을 제대로 대우하지 않고, 1900년대 중반 '아파르트헤이트'라는 인종 차별 정책을 펼치기까지 했습니다.

흑인인 넬슨 만델라는 이런 현실에 저항했어요. 그는 인종 차별 정책을 편 정부에 대항해 오랜 기간 투쟁했고, 그 결과 감옥에 27년이라는 오랜 세월을 갇혀 있어야 했습니다. 인종 차별을 반대한다는 이유 하나만으로 그 오랜 시간을 감옥에서 보내야 했던 거예요. 하지만 이런 노력은 많은 것을 변화시켰습니다. 시간이 흐르며 전 세계인은 넬슨 만델라의 주장에 귀를 기울이기 시작했어요. 결국, 그는 1990년 석방되었고 민주적인 선거를 통해 남아프리카 공화국 최초의 흑인 대통령이 되어 인종 차별 정책을 완전히 폐지했지요. 그는 이런 공로를 인정받아 1993년 노벨 평화상을 받았답니다.

남아프리카 공화국의 전 대통령 넬슨 만델라

넬슨 만델라가 27년간 갇혀 있었던 로벤섬의 감옥
© Rudiger Wolk

넷   전쟁을 멈춘 축구 선수, 디디에 드로그바

디디에 드로그바는 서아프리카에 있는 코트디부아르에서 태어났어요. 디디에의 부모님은 자식이 좀 더 좋은 교육을 받길 바라는 마음에 디디에를 다섯 살이라는 어린 나이에 삼촌이 있는 프랑스로 유학을 보냈습니다. 그런데 당시 무명의 축구 선수였던 삼촌은 디디에가 축구에 재능이 있다는 것을 알아보고, 그에게 축구를 적극 권유했어요. 디디에는 이후, 축구 선수로 크게 성공했고 사람들은 그를 세계 최고의 공격수라고 이야기했지요.

디디에가 축구 선수로 이렇게 성공할 동안, 고향인 코트디부아르는 큰 위기를 겪고 있었답니다. 정부의 군대와 정부에 반대하는 사람들이 이끄는 군대가 전쟁을 일으켰기 때문이었어요. 2002년부터 시작된 이 내전으로 수만 명에 달하는 사람이 죽었고, 수많은 사람이 전쟁을 피해 집을 떠나야만 했습니다. 그러자 이 시기 코트디부아르 월드컵 대표팀의 주장이었던 디디에는 2006년 월드컵 본선 진출을 확정한 뒤, 인터뷰에서 이렇게 말했습니다.

"여러분, 제발 일주일만이라도 전쟁을 멈춰 주세요!"

그러자 정말 놀라운 일이 일어났어요. 이 장면을 보고 내전을 일으킨 정부군과 반군이 평화 협정을 체결해 전쟁을 멈춘 것이었습니다. 한 명의 축구 선수가 수만 명이 죽어 가는 전쟁을 멈추게 한 것이지요. 이후, 디디에는 자신의 재산 대부분을 조국의 발전을 위해 사용하였고 코트디부아르 사람들에게 가장 존경받는 인물이 되었답니다.

축구 경기를 하고 있는 디디에 드로그바 ⓒ Live4Soccer

코트디부아르의 국기

who? 지식사전

세계 3대 축구 리그

축구는 전 세계 사람들이 즐기는 스포츠예요. 그래서 대부분의 나라에는 여러 개의 프로 축구팀이 승부를 겨루는 축구 리그가 존재하지요. 우리나라에 K리그가 있는 것처럼 말이에요. 그런데 세계적으로 손꼽히는 유명한 축구 리그가 있다는 것을 알고 있나요? 경기가 있을 때마다 전 세계의 축구 팬들을 열광시키는 세 개의 축구 리그는 각각 잉글랜드에서 열리는 프리미어리그, 이탈리아에서 열리는 세리에A, 스페인에서 열리는 프리메라리가를 말한답니다. 이 세 리그는 축구를 사랑하는 사람들에게 꿈의 무대라고 불리는데요. 전 세계의 축구 선수들은 이 리그에서 뛰고자 오늘도 온 힘을 다하고 있습니다.

프리미어리그 경기 장면 ⓒ Ronnie Macdonald

5 환경 운동의 시작

숲 속의
원숭이는 모두
어디로
갔을까?

오랜만에
시원한 비가
쏟아지는구나.

그래!

최근 가뭄이 심해진
이유도 자연환경이
파괴된 것과 관련이
있을 거야.

맞아! 사람들이 커피나 차를 심으려고 숲을 밀어 버린 게 문제였어.

비가 오면 땅에 스며든 물을 나무뿌리가 흡수해 홍수가 나지 않게 해 주지. 그리고 땅이 메마른 날에는 물을 조금씩 내보내 줘. 그런데 나무가 없으니 그 역할을 하지 못하는 거야.

이대로 숲이 사라진다면 홍수와 가뭄으로 인한 피해가 계속될 거야.

숲을 되살릴 방법이 없을까?

쏴아아아

왕가리는 소를 연구하기 위해
종종 시골을 방문하곤 했습니다.

길이 왜
이 모양이죠?

며칠 전에
온 비 때문에
산에서 흙모래가
흘러내렸어요.

소가 너무 말라서
갈비뼈가 다 드러나
보여요.

풀이 없어서
그렇지.

소가 먹을 풀이
없다고요?

이렇게까지
자연이 훼손되다니.
정말 문제가 심각해.

주위를 둘러봐.
온통 모래뿐이잖아.

아이들 역시 영양실조에 걸려 있어요.

불쌍한 아이들.

이 주변에서는 아이들이 먹고 살 만한 것은 아무것도 구할 수가 없어.

숲이 있었다면, 먹을 것을 구할 수 있었을 텐데······.

휘이이잉

모두 피하세요. 모래 폭풍이에요!

숲이 없으니 폭풍이 심해졌어!

한편, 남편 므왕기는 나이로비의 랑가타 지역에서 국회 의원 선거에 출마했는데, 랑가타에는 심각한 빈민가인 키베라가 있었습니다.

므왕기는 선거 운동을 하면서, 지역 주민에게 많은 일자리를 마련해 주겠다고 약속했습니다.

제가 당선되면 여러분께 일자리를 마련해 드리겠습니다.

이런 노력 끝에 므왕기는 국회 의원에 당선되었습니다.

약속을 꼭 지켜 주세요.

일자리를 만들어 주세요.

당신을 믿을게요.

여보, 국회 의원이 되었으니 약속을 지켜야죠.

무슨 약속?

키베라 지역 사람들에게 일자리를 마련해 주기로 했잖아요.

하하하. 그런 약속 따위는 신경 쓰지 않아도 돼요.

네?

그건 국회 의원이 되기 전의 일이지 않소.

주민과 한 약속을 저버린단 말이에요?

당신이 못 지킨다면 나라도 약속을 지켜야겠어요.

그럼, 당신 하고 싶은 대로 해요.

왕가리는 대학교수로서 학생들을 가르치는 것은 물론 환경 위원회를 비롯한 여러 단체의 직책을 맡고 있어서 해야 할 일이 많았습니다. 하지만, 회사 일을 소홀히 하진 않았습니다.

자, 모두 이걸 보도록.

이 묘목들, 오늘 키베라에 심기로 했던 거 아닌가요?

네, 맞아요. 그런데 지금 묘목을 옮길 차가 없어요.

제가 옮길게요. 묘목을 제 차에 싣도록 해요.

직원들에게 줄 월급이 부족하잖아.

회사 운영에 드는 모든 경비를 혼자 감당하기는 어려워.

여보. 회사 운영이 무척 어려워요.

그것 보시오. 쓸데없이 일을 벌여서 돈만 낭비하고 있지 않소.

탁

당신의 도움이 필요해요.

난 관심 없으니, 당신 마음대로 하시오.

사업을 도와줄 후원자를 찾아봐야겠어.

왕가리는 회사를 도와줄 사람을 찾아다녔지만, 쉽지 않았습니다.

며칠 동안 출장을 다녀올 거예요. 그동안 묘목 관리를 부탁해요.

걱정하지 마시고 다녀오세요.

부웅

며칠 뒤

이럴 수가!

어째서 묘목이 모두 죽은 거예요?

어쩔 수 없었습니다.

정부에서 물이 부족하다며 정원에 물 주는 것을 금지했어요.

이런!

온 힘을 다해 노력했지만, 왕가리가 설립한 인바이어러케어는 끝내 실패하고 말았습니다.

환경 운동의 시작 **125**

세계의 환경 단체

왕가리 마타이가 케냐에서 시작한 그린벨트 운동 덕분에 지난 몇십 년 동안 케냐에는 수천만 그루의 나무가 심어졌어요. 그리고 여성의 인권을 보호하고, 일자리를 만들었으며, 케냐의 민주화를 앞당기기도 했지요. 숲을 보호하고자 하는 마음으로 시작한 환경 운동이 사람들의 삶을 변화시키는 강력한 힘을 발휘한 것입니다.

이처럼 자연환경을 보호하는 것은 우리 삶과 밀접한 연관이 있어요. 그래서 현재, 세계 곳곳에는 환경 보호를 통해 사람들의 삶을 더 나은 방향으로 이끌고자 노력하고 있는 수많은 환경 단체가 활동하고 있답니다. 그럼 어떤 환경 단체가 있는지, 그들이 무슨 활동을 하고 있는지 알아보도록 해요.

케냐 암보셀리 국립 공원의 풍경

하나 그린피스(Greenpeace)

그린피스는 국제적인 환경보호 단체입니다.
© Guilaume Paumier

그린피스는 세계에서 가장 유명한 환경 단체로 1971년, 캐나다 밴쿠버에서 결성되었어요. 처음에는 핵실험을 반대하는 운동을 주로 벌였으나, 지금은 기후 변화 방지에서부터 유전자 조작 반대, 야생 동물 보호에 이르기까지 다양한 분야에서 지구 환경을 보호하기 위해 노력하고 있지요.

그린피스는 1971년, 미국이 알래스카 암치카섬에서 핵실험을 하려는 것을 막았던 일로 전 세계에 이름을 처음 알리게 되었어요. 이후, 남태평양에서 핵실험을 하려던 프랑스를 막는 데에도 성공하며 큰 명성을 얻게 되었습니다.

하지만 1985년, 그린피스는 큰 위기를 겪게
돼요. 프랑스가 남태평양 핵실험을 재개하기
위해 그린피스 소유의 선박 레인보우워리어호를
침몰시킨 사건 때문이었지요. 이 사건으로 그린피스
소속 사진 기자가 사망하기도 했습니다. 이것은
그린피스에 소속되어 있는 사람들에게 아주
위협적인 사건이었어요. 하지만 위기는 곧 기회가
되었답니다. 이 소식이 세계 각국으로 전해지자
전 세계에서 프랑스에 대한 항의가 이어졌기
때문이었어요. 결국, 프랑스의 국방 장관은 이
사건에 대한 책임을 지고 사임했고 그린피스는 전
세계 사람들의 지지와 관심을 얻게 되었어요.
이후, 그린피스는 유엔 총회에 핵실험 금지
조약(CTBT)을 통과시키는 데 총력을 기울였어요.
이 조약의 내용은 모든 핵실험을 금지해 새로운
핵무기 개발과 기존 핵무기의 성능 개선을
막는다는 것으로 2013년, 183개국에 이르는 나라가
서명했답니다.

2002년에 출항한 그린피스의 새로운 배, 에스페란자호.
배 이름은 스페인 말로 '희망'이라는 뜻이에요. ⓒ Glen

일본 후쿠시마 원전 사고 이후 그린피스가 벌인 핵 사용
금지 시위 모습이에요. ⓒ zigazou76

who? 지식사전

그린피스의 전설, 데이비드 맥타가트

데이비드 맥타가트는 그린피스의 창설자 중 한 사람이에요. 그는 1972년, 남태평양
무루로아 환초에서 프랑스가 핵실험을 강행하려 하자 자신이 소유한 소형 보트를
이끌고 위험을 무릅쓰고 섬에 들어가 핵실험 중지를 요구하며 명성을 얻었어요.
데이비드 맥타가트는 핵실험 반대 운동 도중 프랑스 군인에게 맞아 오른쪽 눈을
잃기도 했지만, 활동을 포기하지 않았답니다.
이후, 그는 소규모 그룹으로 환경 보호 활동을 하던 그린피스를 통합해 세계 최대의
국제 환경 단체로 키워 냈고 목숨을 걸고 다양한 환경 보호 활동에 앞장서며 세계
환경 운동에 큰 획을 그었답니다.

그린피스 운동가 데이비드 맥타가트(왼쪽)
와 스티븐 소이어(오른쪽) ⓒ Brianfit

둘 ### 시에라 클럽(Sierra club)

세계적으로 환경 운동이 활발하게 일어난 것은 1980년대부터예요. 하지만 미국에는 이미 백여 년 전부터 환경 보호를 위한 단체가 설립되어 있었지요. 바로 1892년, 환경 운동가 존 뮤어가 설립한 '시에라 클럽'이에요. 존 뮤어는 당시, 금광을 개발함에 따라 미국의 요세미티 국립 공원을 축소하는 계획이 세워지고 있다는 것을 알고 공원을 보호하기 위해 시에라 클럽이라는 환경 보호 단체를 조직했어요. 그리고 이를 통해 공원이 보존될 수 있도록 많은 노력을 기울였지요. 시에라 클럽은 결국, 요세미티 공원의 개발을 원하는 사람들과 7년간의 대립 끝에 공원을 지켜 내는 데 성공했고 다른 국립 공원의 개발을 막아 내는 데에도 앞장서게 되었답니다.

미국 대통령 테오도르 루스벨트(왼쪽)와 존 뮤어(오른쪽)

이후, 시에라 클럽은 미국 내에서 야생 동물 보호법, 하천오염 방지법 등의 환경 보호법이 만들어질 수 있도록 노력했어요. 1989년에는 브라질 아마존의 환경 보호를 위해 500만 달러를 투자하는 등 다른 나라의 환경 문제에도 관심을 기울이기 시작했지요. 지금은 과거와 달리 많은 환경 단체가 생겨나서 활동 중이지만, 시에라 클럽은 가장 최초로 설립된 환경 단체의 하나로서 오랜 역사를 자랑하며 지금까지 활발한 활동으로 환경을 지키고 있답니다.

셋 ### 세계 자연 보호 기금(WWF)

세계 자연 보호 기금은 1961년 9월 11일, 스위스 모르주에서 '세계 야생 생물 기금'이라는 이름으로 만들어졌어요. 생물학자로 유네스코 초대 사무총장을

환경 보호 활동을 벌이고 있는 시에라 클럽의 회원들
© Michael R Perry

역임했던 영국의 줄리언 헉슬리가 동아프리카 지역에서의
동물 포획과 서식지 파괴 실태를 경고하는 글을 기고한 것이
계기가 되어 만들어졌지요.
세계 자연 보호 기금은 인도의 야생 나귀 보호 사업을 지원한
것을 시작으로 멸종 위기에 처한 동물을 보존하기 위해
자연 보호 구역과 해양 보호 구역 설치를 추진했어요. 그와
함께 고래와 코끼리를 보호하기 위한 근본적인 대책으로
고래잡이와 코끼리 상아의 교역을 제한하는 국제 협정을
체결하는 데 큰 역할을 하기도 했지요.

1981년 세계 자연 보호 기금의 총재로
취임한 영국의 필립 공

1981년 영국 여왕 엘리자베스 2세의 남편인 필립
공이 총재로 취임한 이후, 세계 자연 보호 기금은
단순한 야생 동물 보호 기구의 틀을 벗어나 포괄적인
생태계 보전과 공해 방지, 자연 자원의 지속적 이용
등을 목표로 활동 범위를 확대했답니다. 현재 이
단체는 그린피스와 함께 세계 최대 환경 보호 단체로
손꼽힙니다.

세계 자연 보호 기금의 상징, 판다 ⓒ J. Patrick Fischer

who? 지식사전

환경을 보호하기 위한 우리의 노력

1. **나무 심기**
   나무는 이산화탄소를 흡수하고 산소를 공급해요. 환경에 관심을 두고 나무
   심기에 적극 동참해 보세요.

2. **쓰레기 분리수거하기**
   쓰레기를 없애기 위해서는 태우거나 땅에 묻어야 하는데, 그 과정에서 환경을
   오염시켜요. 그러니 재활용할 수 있는 쓰레기를 분리수거하면 쓰레기의 양을
   줄일 수 있답니다.

나무를 심는 사람들 ⓒ alexindigo

3. **물자 절약하기**
   물건을 아껴 쓰면 쓰레기가 줄어듭니다. 그리고 전기와 물 등을 절약하면
   에너지를 만들 때 나오는 오염 물질을 줄일 수 있어요.

6 그린벨트 운동

이제 그만 하는 것이 어떻겠소?

뭘요?

나무 심기 말이오. 아무도 그런 쓸데없는 일에 관심을 두지 않소.

이건 케냐를 위해서 꼭 필요한 일이에요.

숲이 사라지면 가뭄이 들어 물을 구하기 어려워지고, 홍수가 났을 때 큰 피해를 보게 돼요.

참 고집불통이군.

케냐 여성 위원회에서 나무 심기 운동을 했으면 합니다.

왕가리 교수, 나무를 심고 숲을 살리는 일은 산림청에서 해야 할 일이에요.

저희가 하고 있는 여성 운동과는 거리가 멀어요.

아니에요. 밀접한 관계가 있어요.

나무 심기가 왜 케냐 여성들에게 꼭 필요한지 말씀드리죠.

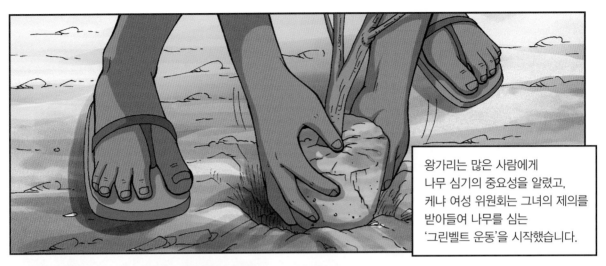

왕가리는 많은 사람에게
나무 심기의 중요성을 알렸고,
케냐 여성 위원회는 그녀의 제의를
받아들여 나무를 심는
'그린벨트 운동'을 시작했습니다.

토닥
토닥

또르르

여러분이 심은
나무 한 그루, 한 그루가
모여 숲을 이루고,
케냐를 푸르게
만들 것입니다.

한 달 뒤

저…….

왜 그러시죠?

아무래도 돈을 내셔야겠어요.

공짜로 주신다고 하셨잖아요.

굼 적

그때는 이렇게 많은 묘목을 가져갈 줄 몰랐지요.

흥!

여러 활동을 하는 동안에도 왕가리는 연구 활동을 꾸준히 했고, 수의해부학과 과장의 자리까지 오르게 되었습니다.

여성으로서 학과장 자리에 오르다니 정말 대단해요.

여성이 남성보다 못할 이유가 없지요.

수의해부학과 과장 왕가리 마타이

몇 년 뒤, 왕가리는 케냐 여성 위원회의 여성 의장으로 선출되었고 그린벨트 운동을 더욱 적극적으로 추진해 나갔습니다.

케냐 여성을 위해 열심히 일하겠습니다.

와아

왕가리는 많은 사람에게 존경받았습니다. 하지만 그녀를 시샘하고 불편해하는 사람도 많았습니다.

자네 부인이 요즘 잘 나간다며?

그, 그런 것 같습니다.

자네 부인이 정치인들은 돈만 밝힌다고 비난했다더군.

부인이 그런 소리를 하게 그냥 둘 건가?

죄, 죄송합니다.

남편은 왕가리의 사회 활동에 대해
불만을 품게 되었고, 결국
왕가리와 크게 다투었습니다.

이대로 가다간 이혼하게 될지도 몰라. 남편의 의견을 받아들여야 하는 걸까?

하지만 그린벨트 운동은 이제 시작이야. 이 나라를 더 나은 방향으로 이끌어 갈 수 있는데……

엄마.

응? 와웨루.

난 아빠와 함께 살고 싶어요.

……

하지만 아빠가 엄마가 하고 싶은
일을 못 하게 하는 것은 싫어요.
엄마가 하고 싶은 일을 하세요.

와웨루!

엄마가 케냐의 숲을
살리기 위해 노력하는 것이
정말 자랑스럽거든요.

가정을 지키기 위해
노력했지만 남편이
날 끝까지 이해해 주지 못한다면,
내가 하고 싶은 일을
할 수밖에 없어.

왕가리는 가정을 지키고 싶었지만, 그 뒤로도 남편은
왕가리를 전혀 이해해 주지 않았습니다. 두 사람은
결국 이혼하게 되었고, 왕가리는 혼자 세 아이를
키우며 그린벨트 운동을 계속해 나갔습니다.

왕가리는 그린벨트 운동으로 케냐의 숲에 3,000만 그루의 나무를 심었습니다. 하지만 케냐의 숲은 점점 더 줄어들고 있었습니다. 심는 나무보다 베는 나무 수가 더 많았기 때문입니다.

이렇게 열심히 나무를 심는데도 자연환경이 좀처럼 나아지지 않는구나.

그것은 당시 케냐의 정권을 잡은 정치가들이 사업가들에게 뇌물을 받으며 숲을 팔아먹고 있었기 때문이었습니다.

나무를 좀 베고 싶은데요.

호호. 얼마든지 잘라 내세요.

나무를 팔아 돈을 벌고 빈 땅에 건물도 짓다니, 일석이조구나.

왕가리는 정부의 부정부패를 비난하는 한편, 직접 정치에 참여하기로 했습니다.

국회 의원이 되어 잘못된 점을 바로 잡아야겠어.

당시, 대학교수가 국회 의원 선거에 출마하기 위해서는 교수직을 그만둬야 했습니다.

선거 등록을 하러 왔어요.

죄송하지만, 왕가리 씨는 국회 의원 선거에 출마할 자격이 없어요.

왜죠?

왜 그런지는 직접 알아보세요.

하지만 권력을 가지고 있던 정치인들은 왕가리가 국회 의원이 되는 것을 원치 않았습니다.

내가 손을 써 놨지. 으흐흐.

엄마, 우린 이제 어떻게 되는 거예요?

휴~

왕가리는 어려움 속에서도 그린벨트 운동을 활발히 펼쳤습니다.

그린벨트 운동은 세계 각국의 관심을 받게 되었고, 환경 보호의 중요성을 인식하고 있던 유엔은 지원금을 보내왔습니다.

이제 그린벨트 운동을 확대할 수 있게 되었어요!

정말 다행이에요.

그간의 고민이 해결되었어요.

그린벨트 운동의 영향

케냐의 환경 문제에 깊은 관심이 있던 왕가리 마타이는 1977년 나이로비의 키문쿤지에 나무를 심으며 최초의 그린벨트를 조성했어요. 이후, 조금씩 확대된 이 나무 심기 운동은 '그린벨트 운동'이라는 이름으로 케냐 전역에 퍼져 나가기 시작했답니다. 오랜 시간이 흐른 지금, 그린벨트 운동은 아프리카 전역에 4,000만 그루에 달하는 나무를 심었어요. 이것은 케냐 사람 대부분이 이 운동에 참여했다는 것을 뜻합니다. 어떻게 이럴 수 있었을까요?

사람들에게 환경 보호의 중요성을 설명하고 있는 왕가리 마타이 ⓒ Center for Neighborhood Technology

하나 환경에 대한 중요성을 알려 주다

그린벨트 운동이 전개되기 전까지 케냐 사람들은 파괴되어 가는 숲이 자신들의 삶에 큰 영향을 미치고 있다고 생각하지 못했어요. 숲이 사라지는 것과 물을 구하기 어려워지는 것, 그리고 모래 폭풍과 산사태 등이 심하게 일어나는 현상을 환경파괴 문제와 연결하지 못한 것이지요. 이런 점 때문에 왕가리는 그린벨트 운동이 성공하기 위해 가장 먼저 해야 할 일은 숲의 파괴가 삶을 얼마나 어렵게 만들고 있는지를 사람들에게 알려 주는 것이라 생각했어요. 그녀의 생각은 적중했어요. 왕가리가 시골 마을을 돌며 숲이 사라지는 것이 삶의 많은 부분을 불행하게 변화시키고 있다는 것을 직접 이야기해 주자 사람들 스스로가 환경을 보호해야 한다고 생각하기 시작했답니다. 이렇게 환경의 중요성을 알게 된 사람들은 그린벨트 운동에 참여함으로써 자신의 힘으로 환경을 보호할 수 있다는 것과 그렇게 보호한 환경으로 삶의 질이 훨씬 나아질 수 있다는 것을 깨달았습니다.

나무가 베어져 나간 아프리카의 숲 ⓒ CIFOR

둘 나무로 덮인 땅을 늘리다

1999년 6월, 케냐에서는 그동안 그린벨트 운동으로
얼마나 많은 나무를 심었는지를 조사했어요. 그 결과
전국적으로 2,000만 그루 이상의 나무를 심었다는 것을
알 수 있었지요. 그리고 그때로부터 이십 여 년이 지난
지금까지 그린벨트 운동이 꾸준히 행해지고 있기 때문에
사람들은 현재 적어도 케냐에서만 3,000만 그루 이상의
나무를 심었을 것이라고 추측한답니다. 물론, 그 모든
나무가 살아남은 것은 아니에요. 그러나 그린벨트
운동이 성공적으로 전개되었던 지역은 황폐했던 땅이
온통 나무로 뒤덮여 푸르게 변했어요. 이는 그린벨트
운동이 이룩한 가장 큰 업적이라고 볼 수 있답니다.
그린벨트 운동을 시작한 왕가리가 죽은 지금도 이
운동은 계속 이어지고 있어요. 지금은 케냐뿐 아니라,
아프리카 전역에서 활발하게 펼쳐지고 있지요. 그린벨트
운동이 이렇게 점점 확대된다면, 아프리카가 푸른 숲으로
뒤덮일 그 날도 머지않은 것 같습니다.

나무를 심고 있는 케냐의 군인 ⓒ treesftf

아프리카 우간다의 울창한 숲 ⓒ CIFOR

who? 지식사전

그린벨트 운동과 그린벨트

왕가리 마타이는 케냐의 여성 단체와 손을 잡고 파괴된 케냐의 숲에 나무를 심었어요.
이 일은 '그린벨트 운동'이라고 불리며, 아프리카 전역으로 퍼져 나갔지요. 그런데
우리나라에도 이와 비슷한 이름을 가진 지역이 전국 곳곳에 있습니다. 바로 '그린벨트'로,
1971년에 정부에서 지정한 개발을 제한하는 지역이랍니다.
'그린벨트 운동'과 '그린벨트'. 이름은 비슷하지만, 실제 서로 영향을 주고받지는
않았답니다. 왕가리가 시작한 그린벨트 운동은 나무를 심는 사람들의 '움직임'을 말하는
것이고, 우리나라의 그린벨트는 숲과 산을 보호하기 위해 지정한 '지역'을 말하는 것이기
때문입니다. 이름이 비슷하다고 헷갈리면 안 되겠지요?

셋   여성 인권을 향상하다

그린벨트 운동이 성공을 거둘 수 있었던 바탕에는 케냐 여성 공동체의 적극적인 참여가 있었어요. 그것은 환경 파괴에 가장 큰 피해를 보고 있던 케냐의 농촌 여성들에게 환경을 살리는 것이 물과 땔감, 식량 부족 등에 시달리는 그들의 삶을 크게 바꿀 수 있다는 것을 알려 줬기 때문이었지요. 이후, 그린벨트 운동이 성공적으로 펼쳐지면서 농촌 여성들은 자신들의 삶을 스스로 바꿔나가고 있다고 자부하게 되었어요. 그리고 남성들은 여성들의 가능성을 인정하게 되었지요. 이러한 생각의 변화는 그동안 제대로 대우받지 못했던 케냐 여성들의 권리를 향상시켰고, 그린벨트 운동이 아프리카 전역으로 확산됨에 따라 아프리카 전체 여성 인권에 긍정적인 영향을 주었답니다.

그린벨트 운동에 참여한 케냐의 여성들 ⓒ treesftf

넷   일자리를 창출하다

그린벨트 운동이 케냐 전역으로 퍼져 나가며 많은 호응을 얻게 되자, 왕가리는 점점 더 많은 직원을 고용해야만 했어요. 왕가리 혼자서 모든 일을 할 수 없었기 때문에 묘목장 관리인부터 그린벨트 운동을 홍보해 줄 홍보 사원과 상담원 등을 전국적인 규모로 관리해야만 했지요. 그래서 그린벨트 운동이 가장 활발하게 전개되었던 시기에는 전국 각지에서 일하는 고용인들이 약 2,600명에 달하기도 했답니다.

그리고 이렇게 그린벨트 운동을 통해 직접 만들어진 일자리 외에도, 이 운동이 활발하게 전개됨에 따라 파생된 여러 가지 일을 통해서도 일자리가 만들어졌어요. 예를 들어, 묘목장에서 자란 나무를 숲으로 운반해 주는 일과 묘목장에 필요한 물을 공급해 주는 일 등이지요.

그린벨트 운동의 하나로 나무를 심고 있는 케냐 사람들 ⓒ treesftf

전쟁 때문에 피난 가는 아프리카 콩고 사람들. 이아아몬드 등의 자원과 정권의 장악을 두고서 일어난 이 전쟁으로 인해 4백만 명 이상이 사망했어요. ⓒ USGov

다섯 전쟁을 억제하다

처음 왕가리가 노벨 평화상을 받게 되었다는 발표가 났을 때, 많은 사람이 그린벨트 운동과 노벨 평화상이 무슨 관련이 있느냐고 의문을 품었어요. 하지만 노벨 평화상을 결정하는 노르웨이의 노벨 위원회는 현재 지구 상에서 일어나는 대부분의 전쟁이 자원에 대한 싸움이며, 우리가 자원을 좀 더 잘 관리했다면 전쟁은 줄어들 수 있을 것이라고 이야기했답니다. 실제로 아프리카 곳곳에서는 자원을 차지하기 위한 전쟁이 벌어지고 있고, 그 외 세계 여러 지역에서 자원을 둘러싼 갈등이 심해지고 있기 때문이지요. 이 때문에 노벨 위원회에서는 그린벨트 운동과 같은 환경 운동이야말로 전쟁을 억제하는 가장 근본적인 방법이라고 말하며 왕가리를 노벨 평화상 수상자로 선정했어요.

노르웨이 오슬로의 노벨 위원회 ⓒ Bjørn Erik Pedersen

who? 지식사전

그린벨트 운동의 10가지 단계

왕가리 마타이가 벌인 그린벨트 운동은 10가지 단계로 이루어져 있습니다.
1. 그린벨트 운동에 대한 인식을 높인다.
2. 운동을 이끌어 나갈 단체를 결성한다.
3. 나무가 자랄 묘목장을 선정한다.
4. 묘목장을 설립한다.
5. 묘목장의 진행 상황을 보고한다.
6. 나무 심기를 촉진하고 나무가 심어질 구덩이를 판다.
7. 공유지 및 사유지에 그린벨트를 설립한다.
8. 나무 심기와 사후 관리를 한다.
9. 묘목에 대한 1차 사후 관리를 한다.
10. 2차 사후 관리와 단체에 대한 대금을 지급한다.

마을 사람들에게 나무를 심고 가꾸는 방법에 관해 알려 주고 있어요. ⓒ treesftf

7 나무들의 어머니

미국 대사께서
무슨 일로 오셨습니까?

대통령을
만나러 왔소.

나도 대통령을
만나야겠소.

나도
마찬가지요.

우리는 케냐에 많은 돈을
원조하고 있소.
그 돈이 과연 옳은 데
쓰이는지 알아야겠소.

지금 고층 건물을 지을 시기가
아닌 것 같은데 말이오.

이런!

우후루 공원 사건 이후로 정부는 그린벨트 운동에 더욱 압력을 가했습니다.

또 쫓겨났네.

이젠 어디로 가야 하지?

하지만 왕가리는 탄압에 굴복하지 않고, 계속해서 정부의 잘못된 정책에 맞서 싸웠습니다.

철회하라!

정부의 잘못된 정책을 바로잡아야 합니다.

정부는 정권을 유지하기 위해 권력을 마음대로 휘두르고 있어요. 우리가 힘을 합쳐 잘못된 점을 바로잡아야 합니다.

왕가리, 당신을 체포하겠소.

체포라니요? 제가 무슨 죄를 지었나요?

정부를 모함하고 헛소문을 퍼트렸잖소.

엄마!

괜찮아, 얘들아.

너무 추워.

왕가리는 그린벨트 운동을 못마땅하게 생각한 정부에 의해 결국 감옥에 갇히게 되었습니다.

처음부터 무모한 일이었던 걸까?

과연 내가 정부와 맞서 싸울 능력이 있는 걸까?

왕가리 마타이, 나오시오.

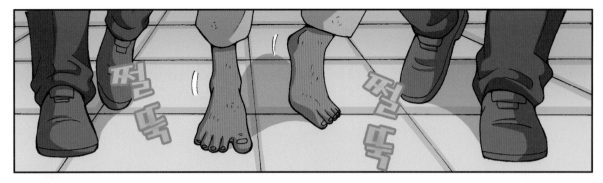

왕가리 의장,
괜찮소?

아니, 무슨 짓을
했길래 건강하던
사람을 저렇게
만든 거야?

아주 사람이
다 죽어 가잖아?

웅
성
웅
성

여기는 법정이오.
모두 조용히
하시오!

땅
땅

잘못이 크지만,
특별히 풀어 줄 테니
앞으로는 죄를 짓지
말도록 하시오!

감옥에서 석방된 왕가리는 다시 힘을 내어 그린벨트 운동에 나섰습니다.

나무를 베고 숲을 파괴하는 건설 사업은 멈춰야 합니다!

숲이 살아야 케냐가 살 수 있습니다!

이거 놔요!

정부는 개발 사업을 반대하는 왕가리를 수차례에 걸쳐 체포했습니다. 하지만 왕가리는 그린벨트 운동을 멈추지 않았습니다.

나는 절대로 굴복하지 않아.

쿵 쿵 위이잉

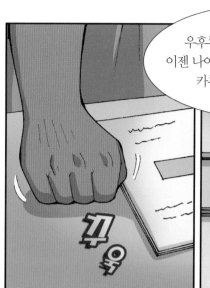

무슨 짓이야!

아아!

안 돼!

대통령 각하,
큰일 났습니다.

무슨 일인데
호들갑이야?

시,
신문에…….

Today News

숲을 지키려다가
피투성이가 된
왕가리 마타이 의장

건강을 회복한 왕가리는 국회 의원 선거에 출마해
당선되었고, 그해 오랜 독재 정권이 막을 내리고
새로운 대통령이 선출되었습니다.

새로운 정부에서 왕가리는 환경부
장관을 역임하며 그린벨트 운동을
널리 알리고 여성의 권리를 위해
힘을 쏟았습니다.

따르르릉

왕가리 마타이 의원 사무실

네, 제가 왕가리입니다.

왕가리 의원

아. 네…….

왜 그래요?

또 무슨 일이 일어난 거죠?

내가 노벨 평화상 수상자로 결정되었대.

와 아

축하해요.

왕가리 장관님 만세.

왕가리는 2004년 노벨 평화상을 받게 되었습니다. 노벨상 역사상 환경 운동가가 노벨 평화상을 받은 것은 최초였으며, 아프리카 여성이 받은 것도 최초였습니다.

환경이 파괴되면 물과 자원이 부족해지고 인간의 삶도 위협받게 됩니다. 그러므로 환경을 지키는 것이 세계 평화를 지키는 것입니다.

여러분이 나무 한 그루를 심는 것은 아주 작은 일이지만, 그것이 바로 우리가 세계 평화를 지키기 위해 함께해야 할 일입니다.

왕가리는 노벨 평화상의 상금을 그린벨트 운동을 펼치는 데 사용했습니다. 그리고 그 이후에도 변함없이 나무를 심었습니다.

왕가리는 2011년 9월 25일, 71세의 나이로 생을 마감했습니다. 그녀는 "시신이 담길 관을 위해 나무가 베어져서는 안 된다."며 화장해 달라는 유언을 남겼습니다. 생애 마지막까지 나무를 소중히 여겼던 것입니다.

사람들은 왕가리를 '마마미티'라고 불렀는데, 케냐 말로 '나무들의 어머니'라는 뜻입니다. 그녀는 가난한 여성들에게 나무 심기를 독려해 30년간 케냐와 아프리카에 3,000만 그루의 나무를 심었습니다. 왕가리의 이러한 노력은 케냐의 숲을 살렸을 뿐 아니라, 나무 심기에 참여한 여성들의 삶마저도 변화시켰습니다.
왕가리 마타이가 케냐의 숲을 지키기 위해 시작했던 그린벨트 운동은 이제 전 세계로 확산되었고, 지구를 살리는 중요한 움직임이 되었습니다.

who?와 함께라면 미래가 보인다

어린이
진로 탐색

환경 운동가

어린이 친구들 안녕?
왕가리 마타이 이야기 재미있게 읽었나요?

그렇다면 이제부터
왕가리 마타이가 꿈을 키워 가는 과정을 함께 되짚어 보며
그가 활동한 분야와 그 분야에 속한 다양한 직업에 대해
살펴봐요!

또한 여러분에게는 어떤 장점과 적성, 가능성이
숨어 있는지 찾아보면서
그것을 어떻게 진로와 연결시킬 수 있는지에 대해서도
알아봅시다!

그럼 지금부터
여러분이 멋진 꿈을 향해 나아갈 수 있도록 도와줄
진로 탐색을 시작해 볼까요?

자기 이해부터
진로 체험까지,
다양한 진로 탐색
활동을 시작해 봐요!

환경을 지키는 행동
환경을 해치는 행동

왕가리 마타이는 케냐의 숲을 지키기 위해서 나무 심기 운동을 시작했어요. 쉽고 간단하기 때문에 많은 사람이 참여할 수 있었고, 큰 효과를 발휘할 수 있었어요. 이처럼 작은 행동 하나가 환경을 지킬 수도 있고 또한 환경을 해칠 수도 있어요. 내가 평소에 하는 행동을 떠올려 보고, 이런 행동이 환경에 어떤 영향을 미칠지 생각해 보세요.

환경을 지키는 행동	환경을 해치는 행동
한번 사용한 종이의 뒷면을 재활용해서 사용해요. 종이를 만들기 위해 베어지는 나무가 적어지도록 하기 위해서예요.	일회용품을 자주 사용해요. 일회용품은 쓰레기를 많이 만들기 때문에 쓰레기를 처리하는 과정에서 환경을 오염시켜요.

환경 오염이 일으키는 피해

왕가리 마타이는 아프리카의 여성들에게 숲이 사라지면 얼마나 큰 피해를 입는지에 대해 설명했어요. 이것은 아프리카 사람들이 환경의 중요성에 대해 스스로 깨우치는 계기가 되었어요. 이처럼 환경 운동을 위해서는 우리가 환경 오염으로 어떤 피해를 입는지 아는 것이 중요해요. 그렇다면 우리가 일상생활에서 겪는 환경 오염의 피해에는 어떤 것들이 있는지와 그 원인과 함께 알아보세요.

환경 오염의 피해	환경이 오염된 이유
봄이 되면 황사 때문에 숨쉬기가 힘들어요. 황사 주의보가 내리면 바깥 활동을 줄여야 해요.	중국이나 몽골에서 나무와 풀이 나지 않는 사막의 면적이 점점 넓어졌기 때문이에요. 이 지역을 개발하면서 사막이 아니었던 곳까지도 사막이 되어서 황사가 생겼어요.
지구 온난화 때문에 기후가 변하면서, 우리나라의 여름이 훨씬 더워졌어요.	

진로 탐색 STEP 3

나의 환경 운동 계획서

케냐의 숲을 살리기 위해 시작한 그린벨트 운동은 10단계로 이루어져 있어요.
왕가리 마타이는 10단계의 구체적인 계획에 따라 활동을 하여 적절한 후원이나
노동력을 얻을 수 있었어요. 구체적인 활동 계획이 있으면 환경 운동을 하는 데
도움이 되겠지요? 여러분이 미래에 환경 운동가가 된다면 어떻게 일할지 환경 운동
계획서를 만들어 보세요.

> ### 환경 운동 계획서

✻ **환경 운동의 목적은 무엇인가요?**
예 북극의 빙하가 녹는 걸 막으려고 해요.

✻ **어떤 활동을 하나요?**

✻ **환경 운동을 하기 위해 어떤 사람들의 도움이 필요한가요?**

✻ **환경 운동을 하면 어떤 점이 달라지나요?**

진로
탐색
STEP 4

내가 그리는 미래의 자연환경

왕가리 마타이는 어렸을 때 보았던 울창한 숲과 맑은 하천의 모습을 기억하고 그
모습을 되찾기 위해 그린벨트 운동을 시작했어요. 이렇게 자연 환경이 깨끗할 때의
좋은 점을 알고 있기 때문에 더욱더 환경 운동에 매진할 수 있었지요. 환경이 파괴된
현재의 모습과 환경 운동을 통해 되살아난 미래의 모습을 그려 보세요. 그리고
두 그림을 비교해 보면서 깨끗한 자연 환경을 지키면 어떤 점이 좋은지 사람들을
설득하는 글을 써 보세요.

환경이 파괴된 현재의 모습	환경이 되살아난 미래의 모습

✳ **환경을 되살리면 좋은 점**

진로
탐색
STEP 5

쉽게 실천할 수 있는
환경 보호 운동

왕가리 마타이는 파괴된 숲을 되살리기 위해 몇천만 그루의 나무를 심고, 그
나무가 다 자랄 때까지 오랜 시간 동안 보살폈어요. 이처럼 환경을 파괴하는 것은
한순간이지만, 파괴되기 전으로 되돌리는 것은 굉장히 어렵고 시간도 오래 걸려요.
그래서 지금의 환경을 지키는 것이 중요하답니다. 그렇다면 일상생활에서 쉽게
실천할 수 있는 환경을 지키는 방법에는 어떤 것들이 있는지 알아보세요. 그리고
직접 실천해 보고 느낀 점을 적어 보세요.

환경을 지키는 방법	실천해 본 뒤 느낀 점
음식은 먹을 만큼만 덜어서 음식물 쓰레기를 남기지 않아요.	음식물 쓰레기가 안 남도록 음식을 덜어 먹으니 먹는 양을 조절할 수 있어서 식습관이 좋아졌어요.
몸을 씻을 때 샴푸나 비누를 필요한 만큼만 써요.	샴푸와 비누를 조금 쓰려고 노력하다 보니 평소에 아무 생각 없이 많이 쓴다는 걸 알게 되었어요.

184

기후변화체험 교육센터

경기도 용인시 처인구에 위치한 '기후변화체험 교육센터'는 지구 온난화와 심각성을 어린이의 눈높이에 맞추어 알려주고, 지구 온난화를 막기 위해 우리가 일상생활에서 할 수 있는 것들을 알려주는 체험 교육 공간이에요. 이 곳에는 기후 변화에 대한 10곳의 체험존이 있어요.

첫 번째와 두 번째 존에서는 자동차, 공장, 젖소 등이 만들어 내는 이산화탄소 때문에 점점 더워지는 지구를 보여주는 게임을 통해 기후 변화의 원인을 깨달을 수 있도록 하고, 기후 변화로 대기, 빙하, 해양, 대지가 어떻게 바뀌고 있는지를 사진과 영상으로 보여줍니다. 다섯 번째 존에서는 에너지 헬멧을 쓰고 태양광, 풍력 등 새로운 에너지에 대해 알아보고, 직접 에너지를 만들어 볼 수 있는 장치도 준비되어 있습니다. 여섯 번째 존에서는 지구 온난화를 막기 위해 집에서 실천할 수 있는 방법을 재미있는 게임을 통해 깨우칠 수 있어요. 또 일곱 번째 존에서는 기후 변화와 환경 오염으로 인해 멸종 위기에 처한 동물들의 이야기를 볼 수 있지요. 기후 변화 관련 체험관은 경기도 용인시 외에도 부산, 담양, 김해, 광주, 수원 등에 있으니 가까운 지역의 체험관을 찾아보세요.

지구의 기후 변화로 인해 살 곳이 줄어들고 있는 북극곰 ⓒ sheilapic76

왕가리 마타이

연표

1940년		4월 1일, 니에리 지역에서 여섯 남매 중 셋째이자 만딸로 태어났습니다.
1952년	12세	세인트세실리아 중학교에 입학합니다. 이 시기 정부에서 마우마우 저항 운동을 강력하게 탄압합니다.
1959년	19세	로레토 여자 고등학교를 졸업합니다.
1960년	20세	미국 캔자스주에 있는 마운트세인트 스콜라스티카 대학에 진학합니다.
1964년	24세	펜실베이니아에 있는 피츠버그 대학교의 생물학 석사 과정에 등록합니다.
1966년	26세	케냐로 돌아온 뒤, 나이로비 대학교 수의해부학과에서 독일인 교수 라인홀트 호프만 교수의 조교로 일합니다.
1967년	27세	므왕기 마타이와 결혼합니다.
1968년	28세	독일로 건너가 기센과 뮌헨 대학에서 2년간 공부하며 박사 논문을 준비합니다.
1971년	31세	박사 논문을 마치고 동아프리카 최초의 여성 박사가 됩니다.

1974년	34세	남편 므왕기가 국회 의원이 됩니다. 남편이 주민들에게 일자리를 마련해 주겠다는 약속을 지키지 않자 자신이 그 약속을 대신 지키겠다는 생각으로 '인바이어러케어'라는 회사를 세웁니다.
1977년	37세	나이로비 대학교의 교수가 되면서 수의해부학과의 학과장이 됩니다. '그린벨트 운동'을 시작합니다.
1986년	46세	그린벨트 운동이 아프리카 전역으로 확대되어 '더 나은 세계상'을 수상합니다.
1989년	49세	우후루 공원에 건물이 들어서는 것을 반대하는 운동을 펼칩니다.
1999년	59세	카루라 숲을 지키기 위한 시위 현장에서 경비들에게 폭행당합니다. 이 사건으로 대통령이 물러나고 숲을 지키는 데 성공합니다.
2003년	63세	환경·천연자원·야생생물부 차관이 되고, 저서 《그린벨트 운동》을 출간합니다.
2004년	64세	노벨 평화상을 받습니다.
2011년	71세	9월 25일, 오랜 암 투병 끝에 사망합니다.

찾아보기